贵州民族科学研究院丛书
中国共产党民族理论与政策在贵州的实践丛书之十

贵州民族
体育六十年

GUIZHOU MINZU
TIYU LIUSHINIAN

黄　咏　许义坤　陈　强
夏五四　王建中　编著

电子科技大学出版社

图书在版编目（CIP）数据

贵州民族体育六十年 / 黄咏等编著. —成都：电子科技大学出版社，2011. 7

（中国共产党民族理论与政策在贵州的实践丛书 / 贵州民族科学研究院丛书）

ISBN 978-7-5647-0872-6

Ⅰ. ①贵… Ⅱ. ①黄… Ⅲ. ①民族形式体育－介绍－贵州省 Ⅳ. ①G852.9

中国版本图书馆 CIP 数据核字（2011）第 110246 号

贵州民族科学研究院丛书

中国共产党民族理论与政策在贵州的实践丛书之十

贵州民族体育六十年

黄　咏　许义坤　陈　强　夏五四　王建中　编著

出　　版：电子科技大学出版社（成都市一环路东一段 159 号电子信息产业大厦　邮编：610051）
策划编辑：万晓桐
责任编辑：杨仪玮
主　　页：www.uestcp.com.cn
电子邮箱：uestcp@uestcp.com.cn
发　　行：新华书店经销
印　　刷：四川墨池印务有限公司
成品尺寸：185mm×260mm　　印张　7.25　　字数　177 千字
版　　次：2011 年 7 月第一版
印　　次：2011 年 7 月第一次印刷
书　　号：ISBN 978-7-5647-0872-6
定　　价：30.00 元

《中国共产党民族理论与政策在贵州的实践丛书》编委会

序

现代政党执政，无论在任何领域，都须有理论的支撑。而任何理论，在实践中，都有一个不断丰富、发展、完善的过程，中国共产党民族理论在贵州甚至于全国的实践，都证明了这一历史的真理。

中国是一个多民族构成的国家，由于少数民族分布地域广，人口多，历代统治者都必须高度重视这一特殊的国情，方能有效治理国家。中国共产党作为一个伟大的政党，带领全国各族人民根据不同历史时期特征，不断总结经验，不断调整政策，使民族理论政策日臻完善。从革命时期、新中国成立时期到改革开放至今，中国共产党根据马克思主义的民族理论，较好地处理了不同历史时期的民族关系，为中国革命的成功和新中国成立以来取得的伟大成就提供了重要保障。

今天，我们认真回顾和总结中国共产党在处理民族关系中从理论到实践的历史进程，把握不同领域不同时期的工作特征，对于在新的历史条件下，构建和谐社会、推进中华民族的伟大复兴事业具有重要意义。

贵州民族事务委员会与贵州民族学院在 2005 年共同组建的贵州民族科学研究院，首先对中国共产党民族理论在贵州的实践这一重大课题展开研究，组织了众多专家学者，从区域自治、人口政策、经济工作、民族工作、民族语言文字、宗教、民族文化、民族教育、民族传统体育、民族医药卫生等十个方面多角度、宽领域讨论了不同时期党的民族理论与政策在指导贵州革命与建设的利与弊、得与失。以广阔的贵州历史为背景，厘清了历代统治者民族政策的经验教训，在这一基础上彰显了党的民族理论的光辉、政策的伟大。

贵州的历史告诉我们，历届中共省委、省人民政府在中国共产党民族理论指导下，结合贵州实际，正确贯彻执行党的民族政策，带领全省各族人民极大地推进了贵州经济社会的发展，为贵州各民族的和谐发展做了许多有益的工作，功不可没。各民族共同团结奋斗、共同繁荣发展是贵州历史的写照。

感谢贵州民族学院的各位专家，是你们在百忙之中，为此书的出版倾注了大量心血，感谢主编杨昌儒同志对此书的悉心指导和安排，我愿与你们一道继续为贵州民族事业的发展，为贵州全面小康社会的实现，贡献自己的微薄之力。

是为序。

徐　飞

二〇一一年元月八日

执政为民的一种诠释

《中国共产党民族理论与政策在贵州的实践丛书》总序

2005 年，贵州民族学院与贵州省民族事务委员会联姻的一个成果——贵州民族科学研究院成立。学校命我出任院长，当我和黄平副主任走上主席台，从吴嘉甫副省长的手上接过贵州民族科学研究院的牌匾时，面对幽深的摄影镜头，我感觉到其间的分量与责任。郝桂华主任对民族科学研究院寄予很大的希望，在百忙中抽出时间与民族科学研究院班子成员座谈。黄平副主任多次带着李平凡所长、颜勇主编到贵州民族学院商讨科学研究事宜。

根据郝桂华主任的指示精神，我们在贵州省民族事务委员会出版的《贵州民族工作五十年》编辑思路基础上，提出了“中国共产党民族理论在贵州的实践”的研究意向。黄平副主任在听取我们的汇报之后，充分肯定了该课题的研究意义，并要求民族科学研究院提出详细的研究大纲。我们把丛书的大纲提交贵州省民族事务委员会主任办公会议，与会的领导给予了充分的肯定，并就研究工作的宗旨、原则作了具体的指示，对研究应达到的目标提出了明确的要求。2008 年徐飞副主任分管此项工作后，多次听取民族科学研究院的汇报，并指示我们再对大纲进行一次认真的思考，力争出精品。根据徐飞副主任的意见，我们曾试图将丛书改为一本书，在反复磋商之后，感觉到用一本书的篇幅很难完成对中国共产党执政以来贵州的民族工作实践的梳理，只好又回到丛书的编写体例中来。通过这样反复的研究之后，我们对原来的大纲进行了修改，形成了呈现在大家面前的这个丛书体例。

为了确保研究工作有序开展，我们组建了丛书编辑委员会，下设学术委员会和联络协调办公室。大概因为我是民族科学研究院院长的缘故，大家推我担任学术委员会主任、丛书主编，学术委员会成员由杨昌儒、石开忠、李平凡、颜勇、龙耀宏等组成，石开忠博士学成归来，担任民族科学研究院常务副院长，自然也就是本丛书的主要策划人和联络协调办公室的主任了。

研究工作是采取课题负责人制度展开的，由有相关专题研究旨趣且有一定研究成果的专家自愿报名，学术委员会审定，明确课题负责人，然后由课题负责人自行组织研究班子。这些课题是：“贵州民族区域自治研究”“贵州民族人口政策研究”“贵州民族研究工作研究”“贵州少数民族语言文字工作研究”“贵州民族识别工作研究”“贵州民族教育研究”“贵州民族经济工作研究”“贵州民族宗教工作研究”“贵州民族文化工作研究”“贵州民族传统体育工作研究”“贵州民族医药卫生工作研究”。各专题的同志们起早贪黑、日以继夜地工作，在各大图书馆和网络图书馆之间奔波，一些专题的学者还深入少数民族地区调查，成就了这套《中国共产党民族理论与政策在贵州的实践丛书》的出版。

因为第九届少数民族运动会将在贵州举行，我们试图把这套丛书作为献礼。如果社会各界人士，尤其是国内同行们能够关注本丛书，并认为是一种礼品，那将是我们贵州省民族学界的荣幸。

众所周知，中国共产党的民族理论是马克思主义民族理论与中国实际相结合的产物。显然，中国共产党民族理论的实践性就成为其首要的特点。因此，回望中国共产党民族理论在贵州的实践，讨论其利与弊、得与失，对于丰富中国共产党的民族理论和进一步做好贵州省的民族工作具有积极的意义。这也是我们在策划本丛书时的旨趣所在，我们要求各专题在描述事件发展进程时，要用学理的眼光去审视历史，不回避问题，并尽可能地分析问题，提出解决问题的意见。如果说需要说明专题的特色，我想，这就是本丛书的特色。相信本丛书出版后能够引起有关领导和部门的重视，产生应有的效果。

回望中国共产党在贵州执政以来的历程，我们惊叹民族理论的魅力。在中国共产党民族理论指导下，中共贵州省委、贵州省人民政府正确贯彻执行民族政策，各民族干部群众齐心协力，以不懈的努力推进贵州少数民族地区经济文化发展和社会进步，努力缩小与先进发达地区的差距。贵州省18个世居民族都从各自的起点上，大踏步地前进，各民族空前团结，民族社会经济文化的发展取得了巨大的进步。虽然横向比较贵州仍然处于“欠发达、欠开发”状态，但人民生活一天比一天好，可谓是“芝麻开花节节高”，这也是一个不争的事实。

我在贵州民族学院从事民族理论的教学与研究近30年，以往只是针对自己感兴趣的内容做过专题研究，如此全面而又系统地梳理中国共产党民族理论在贵州的实践过程，尚为初次尝试。此次承担如此重大的使命，感受中国共产党民族理论在实践工作层面的浸润并发挥其指导作用的过程，对于提高自身的学术修养，当是有幸之至。身为本丛书的主编，写下这些文字权且作丛书来历的一个交代。今后，我将与同行们以及我的学生们一道，继续探讨贵州的民族问题，为民族的生存与发展，为民族平等与团结鼓与呼。

是为序。

杨昌儒

2010年3月20日于花溪河畔觉悟斋

目　录

第一部分　民族体育概述

一、民族体育的界定

1989 年人民体育出版社的体育学院通用教材《体育史》一书，把民族传统体育界定为近代以前的体育竞技娱乐活动。后来，又相继出现了对民族传统体育概念的不同界定。在《体育人类学》和《民族体育》中，分别认为民族传统体育是某一个或几个特定的民族在一定的范围内开展的，还没有被现代化，至今还有影响的体育竞技娱乐活动，以及民族体育是指具有民族特色的体育活动。有学者把民族传统体育界定为在中华大地上产生并流传至今的，和在古代由外族传入并生根发展且有中华民族传统特色的体育活动。还有人将少数民族传统体育简称为民族传统体育或民族体育。

民族传统体育就是在中华民族中开展的，具有浓厚民族传统特色的各种体育活动的总称。要正确地理解民族传统体育的概念，就应该把握民族传统体育的内涵及特性，以区别一般意义上的体育或者是现代西方体育。民族传统体育具有以下几个特性：

第一是民族性。民族性是指民族传统体育体现在特定的民族文化类型中，并作为其基本内核而存在的民族文化心理素质的特征，是对于特定的文化类型的最高层次的概括，它具有沟通特定民族中全体成员心灵的普遍性。一个民族总是要强调一些有别于其他民族的风俗习惯和生活方式的特点，赋予强烈的感情，把它升华为代表这个民族的标志。从特定的地域中产生，类聚于一定的时空条件下的民族就创造出一定的民族文化。民族传统体育经过几千年的承袭、发展、演变之后，已经成为生理、心理、形态、神志的特殊标志，内化在民族体育活动中。同时，民族传统体育又是在一定历史条件下发展变化的，一些已有的文化因素在演化中消失，另一些前所未有的文化因素在发展中出现。

一个民族的文化不仅应有与世界其他文化相同的规律和内容，而且还应有不同于其他民族文化的特殊的民族形式。中国民族传统体育表现出鲜明的民族特性，如武术讲究“内外合一，形神兼备”，追求和谐统一，体现了中华民族的特色。又如蒙古族的摔跤、维吾尔族的姑娘追、朝鲜族的秋千、回族的木球、傣族的跳竹竿、苗族的上刀梯、高山族的背篓球赛、羌族的推杆等，在民族文化体系中都具有代表性的文化性质，突出地再现了民族特色、民族心理和民族意识，是推动民族传统体育发展的基本内核。

第二是历史性。民族传统体育作为传统文化具有历史性。所谓历史性是指民族传统体育文化经过长时间形成并传承下来的，包括历史上存在、现在仍完整地保留着的民族传统体育文化。现代社会产生的体育项目、体育手段，即使它具有一定的民族特性，我们也不能称之为民族传统体育。

民族传统体育的发展进化是各民族历史发展的必然。民族传统体育不是一种单一的文化，而是各种文化交融构成的复合体。随着历史的变迁，其文化内容的增量或减量引起了文化系统结构、模式或风格的变化。有些民族传统体育项目由于环境的变化而消亡或流变，但部分项目者如武术、摔跤、秋千、风筝、龙舟、射弩、舞龙（舞狮）、赛马等，因具有生命活力而得以积淀保存延续下来，并在延续中发展，发展中延续，成为我国人民喜爱的传统体育项目。

第三是传统性。所谓传统，张岱年先生指出：“文化发展的一个基本的规律是文化的积累性和变革性。每一代人都会在继承前人文化知识的基础上，增加新的知识内容，这是文化的积累性；同时，文化又会随着社会经济、政治的变革发生变化和更新，这是它的变革性。当我们考察历史上文化的积累和变革时，我们会发现一些相对稳定、长期延续的内在因素，它们在文化积累中一再被肯定，在文化变革中也仍然被保留，我们把这样的东西称为‘传统’。”作为一种观念形态的文化，传统总是处于一种不断产生又不断淘汰的过程中。从这个意义上说，并不是所有的在历史上出现过的文化都可称之为传统文化，只有那些具有重要价值、具有生命活力并得以积淀、保存和延续下来的文化才称之为传统文化。同样，民族传统体育作为中华民族传统文化中的一颗璀璨明珠，也是历史的结晶，是活的生命。它有着传统的延续、继承的优势，虽然在其发展、演变过程中会经过种种变革，或扬弃、或丰富，但它始终保留着传统的特点。

第四是传承性。传承性是指民族体育文化在时间上流传的连接性，即历史的纵向延续性，同时也是民族传统体育的一种传递方式。它通过特定的社会关系和社会要求来实现。特定的社会关系和社会要求规定了人们对于文化遗产选择的自由度，也规定了先哲们对于先进思想进行诠释的性质。民族体育文化既要是被传承的，也要是被不断发展和创造的，它要从根本上适应民族发展的内在需求，这也是民族文化得以发展延续的内在规律。一种民族体育一经形成，就会具有一定的稳定性和延续性，在发展中变化充实，其内涵和形式，代代延续。这种传承性对维系一个民族的凝聚力和趋同意识具有很大的效应。在民族传统体育的漫长历史传承过程中，受各种因素的影响，其目的、方法、手段等也常发生各种变化。

总之，民族性是传统体育发展的基本内核，历史性是传统体育发展的必然，传统性是传统体育发展的延续，传承性是传统体育发展的内在规律，它们共同构成了民族传统体育的内涵和外延，推动着民族传统体育的发展。

二、民族传统体育的内容与分类

据 1990 年《中华民族传统体育志》统计，我国已搜集到 55 个少数民族的 676 项传统项目，汉族的 301 项民间体育项目。对民族传统体育内容进行科学、系统的分类，有利于我们更为全面、准确地认识民族传统体育。

分类是科学研究不可缺少的手段。分类亦称归类，即根据事物的同和异把事物集合成类的过程。它不仅是民族传统体育文化比较研究的基础，而且也是民族传统体育项目的内容和框架。民族传统体育项目在总体格局上具有多元性，在地域分布上具有广阔性，在社会发展方面具有不平衡性，因而对民族传统体育项目进行分类是一个较为复杂的问题。其分类的方法可按照性质、作用、地域分布、民族以及项目特点等为依据，归纳成不同的类别。主要有以下几种分类的方法。

（一）按民族传统体育的性质与作用进行分类

1．娱乐类

这类民族传统体育项目富有趣味性，轻松愉快，其目的是休闲娱乐。它大致包括棋艺、踢打、投掷、托举、舞蹈等项目。其中棋艺主要指各民族棋类项目，以启迪智力为主，如象棋、围棋、藏棋等；踢打有踢毽子、打飞棒、踢沙包等；投掷有抛绣球、投火把、丢花包、抛沙袋；托举通常以托举器物或负重为主，如掷子、举皮袋、抱石头等；舞蹈有接龙舞、跳芦笙、耍火龙、打棍、跳桌等。

2．竞技类

是指按竞赛规则规定的比赛场地、器械以及其他特定的条件进行智力、体力、技术、战术等方面的竞赛，如珍珠球、秋千、押加、木球、蹴球、抢花炮、毽球、龙舟、打陀螺、民族式摔跤、武术、马术、射弩、踩高跷这14个民族传统体育均被列为全国民运会的正式比赛项目，有单人和集体项目，可分为体能、竞速、命中、制胜、技艺等各种类型。

3．健身养生类

主要目的是为了养生、健身、康复和预防疾病。项目多样，如导引、太极拳、气功等。动作一般比较简单、轻缓，强度不大，长期坚持锻炼，可达到预防疾病、增进健康的目的。

4．表演类

这类项目来源于少数民族原生态歌舞，反映少数民族生活场景、风俗习惯、战斗场面、祭祀活动、婚丧嫁娶以及与自然抗争的过程，具有鲜明的民族性、体育性、表演性、群众性。随着时代的进步、科技的发展，这类民族健身项目又根据不同的特点分为竞技类、技巧类、综合类和民族健身操类等。

竞技类表演项目体育特征明显，对抗性强。技巧类表演有难度，动作稳定、连贯、准确、熟练、协调、灵巧。综合类表演包含民族体操、健身操、韵律操、民族体育舞蹈，具有明显的体育特征、民族特点和较强的观赏性。

（二）按运动项目的形式与特点进行分类

根据现代体育运动的形式和特点，可将民族传统体育项目分为跑跳投类、球类、水上项目、射击、骑术、武艺、舞蹈和游戏等。其中跑跳投项目有跑火把、雪地走、跳板、跳马、投沙袋、掷石、丢花包等，球类项目有木球、珍珠球、叉草球、蹴球、毽球等，水上项目有龙舟竞渡、划竹排、赛皮筏等，射击项目有射弩、步射、射箭等，骑术项目有赛马、刁羊、姑娘追、赛牦牛等，武艺项目有打棍、顶杠、摔跤、斗力、各族武术等，舞蹈项目有跳竹竿、跳花鼓、跳火绳、东巴跳等，游戏项目有秋千、跳皮筋、踢毽子、跳房子、跳绳、斗鸡、打手毽等。

（三）按不同的民族所开展的项目进行分类

中国共有56个民族，每一个民族都形成了具有本民族特色和反映本民族文化的传统体育活动，有的项目起源于本民族，有的是在历史发展过程中由外族传入，但融合在本民族中流传至今。由于我国民族众多，形成了大聚居、小杂居的现象，有的项目在多个民族中开展，有的项目则为一个民族所仅有，众多民族在相当大的范围内难以完全趋同。因此，按不同民族开展的项目进行分类，有助于我们了解这一民族所开展的体育项目，区分其特点。其内容分类见下表（参见《中华民族传统体育志》，中国体育博物馆编，广西民族出版社，1990 年 8 月）。

（四）按地域进行分类

我国地域辽阔，各区域的自然地理环境、经济类型、社会历史和文化、生产和生活方式、风俗习惯、民族心理等存在的差异，使各区域民族体育有着不同的特色。为了从整体上把握民族传统的体育概貌及地域性特征，可按我国地域分布的情况划分为东北内蒙古、西北、西南、中东南四大区域，以便按区域对民族开展的传统体育项目进行分类。

以上几种分类方法各有其特点和局限，在具体实践过程中，可根据研究的目的和任务，采用不同的分类方法，以利于展示民族传统体育内容的广博性，使我们更全面、更深刻地认识民族传统体育，把握其发展的基本规律。

三、民族传统体育的特点

中华民族传统体育在长期发展的历史进程中，由于受地理环境、社会生产、生活方式、文化水平以及宗教民俗等各个方面的影响，逐渐形成了鲜明的特征。在一定程度上，它从不同的角度和层面反映了中华民族的文化形态，其特点表现为民族性、地域性、交融性、多样性和适应性。

（一）民族性

人类创造了文化，文化塑造人类本身，在各种因素的影响制约下，人类难以创造同一格式的文化，然而人类创造的不同类型、不同格式的文化又将自己塑造成为各具不同文化特征的群体——民族。可见文化的不同特点充分体现在物质、精神、生活和社会关系的各个层面上，塑造着不同的民族，也就是所谓民族性。它为某一民族或某一些民族所有，而非各民族都有的。我国的民族传统体育内容丰富、形式多样，几乎每个民族都有各自独特风格和浓郁民族色彩的传统体育项目，带有强烈的民族文化气息和内涵，在相当程度上成为本民族和地区的象征。如藏族的赛牦牛、纳西族的东巴跳、彝族的跳火绳、朝鲜族的顶水罐赛跑、傣族的孔雀拳等都是其他民族所没有的。即使是同一体育项目，也各有其民族特点，如已列为全国民运会比赛项目的蒙古族式摔跤“搏克”、维吾尔族式摔跤“且里西”、彝族式摔跤“格”、藏族式摔跤“北嘎”等，虽然都是民族式摔跤，但比赛方式和规则都各不相同，表现了迥然不同的风格。

中华民族传统体育强调人与自然的和谐，追求内外合一、形神合一和身心全面发展，以静为主，动静结合，修身养性，以“健”和“寿”为目的。如武术强调“内外兼修，形神兼备”的民族风格，追求形体和精神的同步发展。其他如风筝、龙舟、秋千、舞龙、舞狮等都具有浓郁的民族文化特色，而区别于世界流行的现代体育运动。此外，民族性还表现在服饰、活动仪式、风俗、历史传承等方面。中华各民族开展的项目不尽相同，但它共同组成民族体育的统一体。中国传统文化比较重视人与自然、人与人之间的和谐统一关系，侧重于内心修为、自然和继承传统等，民族传统体育文化在此文化底蕴之下也就自然而然地注重自然、和谐和内心的愉悦。因此，许多民族传统体育项目有较多的原始初文化的影子，如武术、风筝、龙舟、秋千、舞龙、舞狮等。

民族传统体育项目是民族传统文化的有机载体。由于民族语言、民族性格、风俗习惯、生活方式、宗教信仰等差异，使得民族传统文化呈现出相对的独立性。这种特性决定了传统体育文化和价值观念不可能很快被其他民族全盘接受，甚至在一个民族被另一个民族征服和同化的极端情况下，它原有的体育方式也会在新的民族共同体中顽强地有所表现。由此可见，民族传统体育的生存力极强，具有强烈的民族性。

（二）地域性

某一地区的一个民族或几个民族所处的区域环境以及由区域环境所带来的自然条件不同，使各个民族都在自己文化背景的基础上形成了有别于其他民族的传统体育活动方式，这就是民族传统体育的地域性。

一定地域的地理环境是一个民族长期生息、繁衍的空间条件。在古代由于各民族所处的地理环境以及由地理环境所带来的自然条件的不同，加之交通不便、信息量少，受经济自给性和地方封闭的影响，常常有较强的地域性。因此，各民族都在自己的文化背景上形成了独具特色的传统体育项目，所谓“北人善骑，南人善舟”就反映了地理环境对生产方式和传统体育的影响。如“草原骄子”的蒙古族，过着随草迁移的游牧生活，精骑善射，“随草迁移”形成了以骑射为特点的赛马、赛骆驼等传统体育项目。居住在青藏高原的藏族以及西南地区的其他民族，善于攀登、爬山、骑马、射箭等传统体育。而南方气候温和，江河较多，多数少数民族善于游戏，赛龙舟活动长久不衰。总之，南方民族以集体性体育项目为主，如赛龙舟、抢花炮等；北方民族更多以个体化的体育项目为主，如摔跤、马上项目等。

基于各自区域独特的自然环境下的生产方式因素，造成了各民族间体育的差异。如从事畜牧业生产的蒙古族、哈萨克族等，得天独厚的生产、生活方式创造了赛马、刁羊、骑射、飞马拾银、姑娘追等马上骑术项目。苗、侗等少数民族，在以小农经济为主的农业生产中，牛的作用较大，因此保留了在节日里“斗牛”的风俗。被誉为“沙漠之舟”的骆驼，历来是漠北少数民族载货和骑乘的工具，由此产生了“赛骆驼”。另外，赫哲族的叉草球项目与叉鱼有关，同时也是叉鱼工作的陆上训练；鄂伦春族、鄂温克族的滑雪项目与林海雪原中的游猎活动有关；高山族的投梭镖、挑担赛、舂米赛，畲族的赛海马、登山，壮族的打扁担等都来源于当地人民的生产劳动。

人文地域环境的不同，如文化、风俗习惯、民族心理等，同样会造成民族体育的差异。北方人崇尚勇武、豪爽奔放，因此，力量型的项目较为突出，如摔跤、奔跑、搏斗、举重等；南方人的性格趋于平和而细腻，富于思考，擅长心智活动类和技巧型项目，如游泳、弈棋等。仅以舞龙为例，即可明显反映出南北方体育风格的差异。北方以武为主，强调龙的威武豪迈，气壮山河；南方以文为主，突出龙的灵活敏捷，变化自如。这些都是地域人文心理和性格差异造成了各民族体育文化的异质性。

（三）交融性

民族传统体育在数千年的发展过程中，形成了独具风格的文化体系，它是一个相对封闭而又开放的系统。不同文化模式与类型的相互碰撞和交流，促进了民族体育的发展，随着社会的进步和文明程度的提高，以及民族之间的交流与渗透，民族文化进一步融合，民族产生时所具有的共同地域、血缘关系、文化等都发生了不同的变化。因此，人们在进行体育活动的同时，便将各民族许多传统的体育项目相互交融，共同学习，最终达成共识。这种现象被某些学者称为“文化镂合”。同时，它体现了民族体育发展规律中的一种共融性特征。

每一种传统体育项目最初总是从某一地区、某一民族中首先发展起来的，而后随各民族间文化交流，逐渐被具有相同自然条件的民族接受和改造，这一项目也因此丰富、成熟起来。以龙舟比赛为例，据考证最初应源于古越一带，后来由于古越文化和长江中游文化的往来，逐渐扩展到我国南方大部分省区。据统计，仅地方史书对龙舟活动有详细记载者多达数百条，涉及我国南方 15 个省区。其他如马球、秋千、骑术、武术、气功、围棋等项目也都是各族人民共同创造的结果。

在民族体育融合与交流的过程中，不断发展和创造出一些新的项目。如清代乾隆年间满族人就把足球与滑冰结合起来，发明了一种称为“冰上蹴蹄之戏”的冰上足球，作为禁卫军的训练内容。另外，把射箭与马术结合，出现骑射；把球技与马术结合，发展出马球；镩技与游泳相结合，有水球等。

此外，民族体育的交融性还表现在文化和艺术的相互融合。我国少数民族能歌善舞、能骑善射，产生了技击性和艺术性相统一的传统体育项目，既强身健体又愉悦身心，达到健、力、美和谐统一，如黎族的“跳竹竿”，击竿者跪、蹲交替，节奏越打越快，难度越来越大，跳竿者随竿的分合与高低变化灵巧地跳跃其间，展现出各种优美的姿势。这就要求参与者不仅具有良好的身体素质，还要具备较高的音乐素质和舞蹈技巧，在这些因素互相交融作用下，构成了民族传统体育丰富多彩的内涵。

（四）多样性

民族传统体育是由各民族共同创造的，其内容丰富、形式多样，据《中华民族传统体育志》统计，有 55 个少数民族的传统体育 676 项，汉族传统体育 301 项，共计 977 项，每一个民族都有自己的传统体育项目，分布之广，项目之多，在世界上绝无仅有。有的项目与种族的繁衍有关，如哈萨克等民族的姑娘追、羌族的推杆、朝鲜族的跳板等；有的活动源自生产、生活习俗，如赫哲族的叉草球、草原的赛马和骑射以及江南水乡的竞渡等；有的项目来自宗教习俗；有的项目则直接由军事技能转化而来，如各个民族的武术等，从而构成了多姿多彩的民族传统体育项目。

民族传统体育类别繁多，结构多元，由于项目不同，动作结构各异，技术要求也不同，如舞龙、舞狮、龙舟竞渡、扭秧歌、斗牛、拔河、风筝、姑娘追、武术、毽球、抢花炮、珍珠球、蹴球、木球、射弩、打陀螺、押加、马术、踩高跷、荡秋千、赛马等各种活动都具有各自不同的技术特征，因而形成了各具特色、风格迥异的运动项目。有以养生、健身、康复和预防疾病为目的的导引、太极拳、气功等，有富有趣味性、轻松愉快的各种民族舞蹈、钓鱼、围棋、象棋、风筝等娱乐性体育，也有按竞赛规则规定的比赛场地、器械以及其他特定的条件进行的智力、体力、心理、技术、战术等方面的竞技体育活动。同时，有些项目是人们在农忙之后、生产之余进行，有些则附着在民俗的一些祭祀、节令中；有一人参加的运动，也有多人参加的集体运动；有适合成年男子的运动，也有适合妇女、儿童的运动。

总之，民族传统体育多种多样，异彩纷呈。中国是一个多民族的国家，地域经纬跨度大，各民族各地区的人们生产、生活方式的迥异是民族传统体育项目的起源和组织活动形式多样性的主要原因。同时，在中国 56 个民族大家庭中，由于民族之间传统的差异，从而形成不同民族的文化类型和特点。每一民族的人民都生活在一定的文化氛围中，有区别于其他民族的宗教、信仰、礼仪、习俗、制度、规范、文化心理等，这也是导致民族传统体育多样性特征的重要原因。

（五）适应性

民族传统体育内容丰富、形式多样，其动作结构、技术要求、运动风格和运动量也各具差异，个人可根据需要从中选择适合于自己的项目进行健身活动。有的项目不受时间、季节的限制，有的项目在场地、器材上可因地制宜、就地取材，还有的项目可徒手或持器械进行，给开展群众性体育活动提供了便利条件。因此，民族传统体育有着广泛的适应性，可以满足不同年龄、不同性别、不同层次、不同人群的需要。少年儿童天真好动，但力量弱小，多三五成群开展一些娱乐性强、体力消耗在中度以下的活动，如抽陀螺、踢毽子、跳皮筋、跳绳等；中青年的体育活动重视规则，讲究形式，在较高的力量及技巧水平上强调竞技性，这些竞技项目在各民族中开展得最为广泛；老年人体力渐衰，在从事体育活动时以修身养性、祛病延年为核心，如太极拳、养生气功、钓鱼这些项目不仅使筋骨得到基本的舒展，而且还可以使丰富的文化内涵与社会生活相结合，达到开阔心胸、颐养天年的目的。男性可以参加如赛马、摔跤、骑射等运动，崇尚力量与惊险，力求表现勇武精神；女性可以参加秋千、跳板等活动；也有许多项目是男女共同参与的，如哈萨克等民族的姑娘追，就需要男女青年借助于骑马追逐，显示他们朝气蓬勃、热情奔放的精神风貌。

人们也可根据各自的生理、心理特点和喜好选择不同的项目进行锻炼，无论是舞龙、舞狮、赛龙舟、拔河等群体对抗的项目，还是摔跤、赛马等个体项目，或者各种娱乐游戏等活动都可以选择。民族传统体育中许多项目不受场地、器材的限制，可以因地制宜地选择项目进行锻炼。民族传统体育的广泛适应性将推动全民健身计划的实施，促进大众体育的发展。

四、民族传统体育的功能

民族传统体育作为一种文化形态，它是一个民族经济、政治、教育、科学、文化相互作用、相互渗透、同步发展的产物，在不同的历史时期有着不同的社会价值和功能。它作为一项体育运动，能够满足个体和社会的需要。随着人类社会的发展和民族文化的相互交融与渗透，其功能已经向着多元化的方向发展，具备了多重的社会功能和实用价值，主要表现在健身功能、健心功能、社会功能等方面。

（一）健身功能

民族传统体育项目主要来自于人们的生产、生活方式中，与身体活动有着密切联系，它要求人们直接参与运动，在娱乐身心活动中逐步改善民族体质，提高各民族人民健康水平。因此，强身健体就成为其主要的功能之一。通过参与运动锻炼能促进有机体的生长发育，提高运动能力，改善和提高中枢神经系统的机能，调节人的心理，提高人体对环境的适应能力。

我国少数民族运动会中开展的 14 个竞技项目，如木球、珍珠球、蹴球、毽球、押加、秋千、抢花炮、射弩、马术、武术、龙舟、打陀螺等对身体素质都有着较高的要求，虽然也能全面提高身体的各项机能，但是像拔河、打手毽、跳绳、跳皮筋、爬杆、荡秋千等，以及其他具有民族特色的各种娱乐游戏类项目作为健身的手段更适合广大群众进行锻炼，经常参与这些运动，可以增强体质，达到强体健身的目的。

民族传统体育不仅可以强身健体，而且还可以修身养性，促进身心全面发展，提高生命质量。联合国计划署在《人类发展报告》中指出："人类发展是一个提高人们生存机会的过程，从总体上说，健康、长寿、接受良好教育和生活幸福美满是人类发展的基本标志。"倡导娱乐、健康第一，通过愉快而健康的身体活动来提高人们的生活质量，是现代体育发展的新趋势。而民族传统体育中的"导引养生术""五禽戏""八段锦""太极拳"等成为人们健身与修身养性的最好方法和最具实效性的健身运动。民族传统体育为全民健身活动的开展提供了丰富多彩的练习形式和方法，展现了无限的发展空间，它与全民健身活动的统一，是民族文化与体育文化发展的价值回归。

（二）健心功能

民族传统体育是一种以娱乐身心为主要目的的活动，它着重于人的身心需要和情感愿望的满足，不以高超复杂的技艺对应大众，而是以自娱自乐的消遣性与游戏性的活动方式迎合大众，使人们在这些娱乐性的活动中，直接得到令人愉快的情感挥发。从简单易行、随意性较强的项目，到技艺精巧、有规则要求的竞技，从因时因地、自由灵活的娱乐嬉耍，到配合岁时节令的民族体育，都不仅把民族体育融合于宗教礼仪、生产劳动、欢度佳节、喜庆丰收之中，而且还将民族体育与文化艺术形式、民族舞蹈等融合在一起，使民族传统体育活动的娱乐性体现得更加充分。

民族传统体育活动以其独特的魅力和积极健康的文化娱乐方式以及观赏性吸引着更多的人来参与，并成为人们休闲生活中的重要内容之一。一次体育活动的举办，往往成为民族的盛会，如 2003 年第七届全国少数民族传统体育运动会在宁夏回族自治区银川举行，共有 34 个代表团，参赛人数近万，规模之大，真可谓是民族情感和文化交流的盛会。又如蒙古族的"那达慕"盛会和土家族在正月初三至十五举行的摆手舞，气氛非常热烈；苗族的划龙舟和壮、黎、侗、布依等族的打铜鼓，伴以歌、载以舞，表演各种动作，风格突出，具有浓郁的民族特色和欢乐气氛。还有民间游戏活动的内容也非常丰富，元宵观灯、舞狮子、舞龙、踩高跷、跑旱船、扭秧歌等难以计数。这些游戏活动在流传演变过程中不断丰富发展，形成了独特的风格和娱乐形式。民众以观赏此类文娱、体育表演而取乐，不仅拓宽了社会交往，增进了相互间情感交流，而且使人们形成了积极向上、乐观开朗的心理状态。其他如拔河、秋千、打手毽等也都具有相当的娱乐成分，深受人们的喜爱。

随着社会的迅速发展、生活节奏的不断加快，人们承受的生理和心理负荷愈加沉重。为了解除精神的紧张和身心的疲劳，人们参加各种民族体育活动的锻炼，获得一种精神上的享受和超越自然的感觉，达到愉悦身心的目的。民族传统体育有自娱和他娱的功能，是一种"快乐体育"，在现代社会生活中发挥着重要作用，它以突出娱乐性作为主要目的，并用快乐身心的方式增进健康。

（三）社会功能

在民族发展过程中，随着时代与社会的变迁、民族之间的融合，民族产生时所具有的共同地域及血缘关系、文化等都可能发生不同的变化，人们对一个民族存在和发展的态度就构成了民族的认同。民族传统体育活动起到使本群体、本民族认同的作用。如每年端午节举行的龙舟竞渡，其发生基础是龙图腾崇拜的遗存形式，但在其传承过程中，增加了纪念屈原这一受人们敬佩的人物的内容，由于屈原是一位凝聚着中国传统伦理道德和价值观念的著名历史人物，使得子子孙孙的认同感得以更好地实现，使人们产生强烈的民族自豪感和自信心，从一个侧面增加了民族的向心力、凝聚力和号召力。又如舞龙、舞狮、踩高跷、赛马、拔河、斗牛、摔跤等活动，多是以集体为参赛单位，参与者除具有强烈的竞争心外，还有着集体荣誉感。因此，通过参加集体性的民族传统体育运动，培养了团结、协作精神，使人们的群体意识得到加强，对增强民族认同感和凝聚力起到了重要的作用。它以极大的吸引力、聚合力，使成员的态度和行为在存在个体差异的前提下，集聚于一定的文化运动轨道，整合为一个普通文化现象的运动势态。

民族传统体育作为一种文化载体，起着民族间相互联系和交流的桥梁与纽带作用。新中国成立后，党和政府对民族工作高度重视，为加强民族间体育文化交流，先后举办了 8 届全国少数民族传统体育运动会，比赛规模、参赛人员日益扩大，各民族欢聚一堂，既振奋了民族精神，促进了民族团结，又大大地推动了民族事业的发展和繁荣。进入新的世纪，中华民族正在实现伟大的复兴。作为一个统一多民族的社会主义国家，如果没有民族地区生产力的解放和发展，就不可能取得中国特色的社会主义现代化建设的全面胜利。因此，加快民族地区体育事业的发展，大力开展民族传统体育活动，对加强民族团结、政治统一，实现富民、兴边、康体、强国、睦邻具有十分重要的意义。可见，民族传统体育对促进社会的进步，仍然发挥着重要的功能和作用。

五、民族传统体育的发展

新中国成立后，党和政府提出了“积极倡导，加强领导，改革提高，稳步前进”的民族体育发展方针，为各民族体育的交流和发展创造了良好的条件，民族传统体育迎来了新的发展机遇，其发展历程大致可分为三个阶段。

（一）挖掘与整理阶段

历代统治者对少数民族文化（包括民族体育）持弃之不顾、任其自灭之态。新中国成立后，党和各级政府以“清理古代文化的发展过程，剔除其封建性糟粕，吸收其民主性精神，是发展民族新文化提高民族自信心的必要条件”（毛泽东《新民主主义论》）为精神，将其作为少数民族传统文化和少数民族传统体育发展的根本方针，通过挖掘、整理，使少数民族传统体育逐渐摆脱了狭隘的地域限制，逐步由地区向全国扩展。

1949 年人民政府对民族传统体育进行了大规模的整理和发掘，把具有浓厚民族色彩的少数民族体育发展成为对抗性较强的竞技运动。譬如，流行于各民族中的摔跤活动，经过综合和改造，发展成为具有民族特色的中国式摔跤，列为第一届少数民族传统体育运动大会的竞赛项目，并在 1953 年成立了中国摔跤协会。随后，国家体委颁布的《中华人民共和国运动竞赛制度的暂行规定》把中国式摔跤列为实施竞赛制度的 43 个运动项目之一，并规定每年举行一次单项锦标赛。1956 年在北京举行了中国式摔跤锦标赛，1957 年制定了《中国式摔跤竞赛规则》。至此，我国的传统体育项目——摔跤完成了它的竞技性改造。1984 年有 21

个省、市、自治区代表队参加了全国民族体育形式表演及竞赛大会。大会期间，各队表演了蒙古族摔跤、朝鲜族摔跤、维吾尔族摔跤，以及国际上比赛的古典式摔跤和自由式摔跤，交流了各种摔跤技术，充实了中国式摔跤技术的宝库。

此外，1953 年举行的少数民族传统体育运动大会也是民族传统体育获得新生的一个标志，是我国民族体育运动史上的一个里程碑。首届民运会确定了少数民族体育的发展方向，加强了全国各族人民的团结，为民族体育的研究和整理打下了基础，标志着少数民族传统体育开始步入了新的历史时期。

（二）停滞与恢复阶段

从 20 世纪 50 年代后期至 20 世纪 70 年代后期，少数民族传统体育不可避免地受到“左倾”思想的严重干扰。

党的十一届三中全会之后，少数民族地区的经济有了长足的发展，为民族传统体育的发展奠定了坚实的物质基础，营造了良好的社会环境，复兴民族传统体育的时机已经成熟，只是由于 20 多年的停滞造成的损失难以弥补。进入 20 世纪 80 年代后，国家有关部委召开了全国少数民族体育工作座谈会，将民族体育工作重新列入工作议题。各级有关部门力排极左思想的干扰，积极倡导挖掘、整理民族体育，但民族传统体育仍然呈现出不容乐观的状态。以第二届民运会为例，虽然参加人数与第一届民运会相比有所增加，但竞赛项目只有两项，并且采用全国其他运动会的比赛规则和形式，缺乏民族特色，比赛规则、项目设置等均有待进一步完善和规范。总之，此时的民族传统体育项目仍处在一种初始的状态。

（三）普及与提高阶段

到了 20 世纪 80 年代后期，民族传统体育经历了数年的重新崛起后，进入普及与提高阶段，其显著性的标志就是从 1982 年开始，我国少数民族传统体育运动大会每 4 年举行一次，至今已分别在天津、内蒙古、新疆、广西、云南、北京、西藏、宁夏、广州等省区市举办了 8 届。由于国家的支持和各省区的共同努力，该项赛事以其民族性、广泛性和业余性为特色，成为全国较有影响的大型综合性体育运动会之一，为挖掘整理各民族传统体育，弘扬民族体育文化，发展民族体育事业和全民健身运动，提高各民族人民身体素质，促进各民族团结等作出了积极的贡献。

此外，民族传统体育的提高还体现在三个方面：第一，对一些民族传统体育项目进行改革和综合创新。譬如，1984 年，国家体委综合蹴鞠、花毽和现代足球、排球、羽毛球运动特点，推出毽球项目，这是古为今用、开发民族传统体育的成功尝试。进入 20 世纪 90 年代后，由北京民族体育协会根据古代人们蹴鞠的方法，并结合流传于我国民间的一些球法，整理挖掘出一项新兴的民族传统体育项目——蹴球。1991 年第四届和 1995 年第五届民运会上蹴球被列为表演项目，在表演过程中没有统一的规则，场地、器材也没有统一的要求，运动员在场上随意踢、踹。1996 年国家体委、民委将蹴球项目的研究和整理工作交给了北京体育大学。北体大科研处组织有关专家对蹴球进行了为期 3 年的研究和整理，通过大量的实践和比赛，经过反复的修改，为蹴球项目制定了比赛规则，成为第六届民运会的正式比赛项目。第二，对一些民族传统体育活动中存在的陋习进行了革除，如傈僳族的“东巴跳”，经过提炼改革，摒弃封建文化的糟粕，弘扬健身和艺术的价值，成为一项独具特色的民族体育活动。

流行于江浙一带的龙舟竞渡活动，具有极强的民族特色，蕴涵着我国丰富的传统文化，但其中迷信成分也占有很大的比重，经过改进，革除了陈俗陋习，使现代的龙舟竞渡成为深受全国各地民众欢迎的一项传统体育活动。第三，独具特色的民族传统体育开始走出国门，走向世界。1990 年北京举行的第十一届亚运会上中国武术被列为正式比赛项目，并成立了国际武术联合会。1991 年在内蒙古举办了“国际那达慕大会”，向世人展现了具有草原风采的民族传统体育文化。另外，毽球、龙舟、风筝、围棋等项目的国际性表演和竞赛日趋增多，呈现出前所未有的发展趋势。

综上所述，新中国成立后，在挖掘、整理、研究和提高的方针的指导下，民族传统体育项目得到进一步丰富和完善，完成了组织建设，正确处理了继承、改造、创新与发展的关系，并通过各种形式的运动会和活动，增强了各民族之间的相互了解、相互学习和相互促进。几十年的事实表明，民族传统体育不仅已成为我国各族人民体育生活中不可缺少的重要组成部分以及加强我国各族人民团结进步的纽带，而且已逐渐成为整个人类所共有的财富。

第二部分　走向复兴的民族传统体育

一、坚强有力的政策支持

我国是一个统一的多民族国家。但在旧中国历史上，由于历代封建统治者对少数民族实行的是民族歧视和民族压迫政策，使广大少数民族同胞过着衣不蔽体、食不果腹的生活，根本就谈不上少数民族体育事业的发展。

自中国共产党成立以来，我们党就把民族问题作为中国革命和建设事业的重要组成部分，早在 1922 年党的“二大”上就提出“尊重边疆各族人民的自主权力”的政治主张。新中国成立后，党和政府废除了一切民族压迫制度，制定了一系列保障民族平等与团结的政策法令，开创了我国民族大团结的新纪元。毛泽东同志曾在其论著《论联合政府》中指出：“国家的统一，人民的团结，国内各民族的团结，这是我们的事业必定要胜利的基本保证。”这里，毛泽东同志将民族团结作为我国人民事业成功的基本保证，为新中国各项社会主义建设事业的发展指明了方向。

在我国社会主义体育事业的发展实践中，党和政府就是遵循这一原则，把民族团结作为我们工作的基本出发点，坚持各民族团结与共同繁荣的方针，关怀、重视全国各族人民的身心健康与体育事业的发展。1949 年 10 月，朱德同志在中华全国体育总会成立大会上提出“要广泛地采用民间原有的许多体育形式”，并要求“体育运动一定要为人民服务”。1961 年，周恩来总理亲临云南西双版纳与傣族人民一道欢度“泼水节”。他指出：“傣族人民的划龙舟，不仅是娱乐活动，而且是体育活动，可以增强人民体质，练习保卫祖国的本领。”他充分肯定了民族传统体育活动的社会价值。周总理特别强调指出：“只有尊重少数民族的风俗习惯，才能和各族人民心连心。”这充分体现了我们党和政府对民族团结和少数民族传统体育事业的重视与关怀。

我国《宪法》第 119 条规定：“民族自治地方的自治机关自主管理本地方的教育、科学、文化、卫生、体育事业和整理民族地方的文化遗产，发展和繁荣民族文化。”1981 年，国家体委与国家民委在研究制定少数民族体育工作的方针时指出：“要贯彻落实党的民族政策，积极开展民族传统体育与近代体育活动，提高少数民族的健康水平和运动技术水平，活跃群众文化生活，促进民族团结，为建设社会主义精神文明服务。”并确立了“积极发展，加强领导，改革提高，稳定发展”的少数民族体育发展方针。因此，自党的十一届三中全会以来，在党的体育方针指引下，我国少数民族体育事业进入了一个蓬勃发展的新时期。

以上事实表明，我们党和政府极为重视全国各族人民的基本利益和共同团结，并把它作为我国少数民族传统体育事业发展的基本出发点，将发展少数民族传统体育作为贯彻党的民族政策、增加民族团结、繁荣民族文化、提高民族素质的一项重要任务来抓，从而促进了我国少数民族传统体育事业的繁荣兴旺。正如罗马尼亚《体育报》总编辑在观看我国第二届全国少数民族传统体育运动会后说的："我亲眼看到中国各族人民紧密团结、渴望和平的强烈愿望，它不仅是少数民族传统体育的表演，更重要的是反映了中国党和政府对少数民族的关怀和重视。民族不分大小一律平等的政策，在这里得到了真正的实现。"

我国的现代体育是相对传统体育和近代体育而言的，是指从中华人民共和国成立以来的体育。它有着非常明显的时代特征，其含义既有其时间的因素，又有其本质的因素。中华人民共和国成立以来，党和政府十分重视我国的体育事业的发展与进步，制定了一系列方针和政策，采取了一系列措施和手段，极大地调动了全社会的力量，推动了我国体育事业的快速前进，使我国的体育事业能够在非常落后的前提下蒸蒸日上，迅速跨入并保持始终走在世界先进的前列，这是一个了不起的成就。

二、确立正确的方针政策

要正确地把握体育事业的发展方向，首先必须确立体育发展的各项方针和政策。1949年9月，中国人民政治协商会议制定的《共同纲领》规定"提倡国民体育"。同年10月，朱德在中华全国体育总会成立大会上指出："体育是文化教育工作的一部分"，"一定要为人民服务，要为国防和国民健康和利益服务"。1952年6月，毛泽东作了"发展体育运动，增强人民体质"的题词，给体育的前进指明了方向，成为中国体育事业发展的指导方针。1954年1月，中共中央发出《关于加强人民体育运动工作的指示》，指出："改善人民的健康状况，增强人民体质，是党的一项重要的政治任务。"1956年，周恩来在中共"八大"报告中强调："我们应该在广大群众中进一步开展体育运动，有效地增强人民的体质，并且提高我国体育运动的水平。"1958年，是国家的第二个五年计划实施时期，为了使体育工作适应新的经济建设的要求，党和政府对体育工作又提出了一些新的要求，制定了一些新的方针政策。1958年9月，中共中央在国家体育运动委员会（现体育总局）党组报告上批示："体育运动的根本任务是增强人民体质，为劳动和国防建设服务。"并进一步指出体育运动的方针是"大力开展群众性的体育运动，在体育运动广泛开展的基础上，提高技术水平，不断创造新纪录。"1959年，周恩来在《政府工作报告》中明确指出："在体育工作中，应当贯彻执行普及和提高相结合的方针，广泛开展群众性的体育运动，逐步提高我国体育水平。"这是党和政府为了使我国的体育工作能够沿着正确的道路向前发展，根据我国的基本国情所制定的基本方针。正是由于坚决贯彻执行了这一基本方针，所以才能够从根本上保证我国的现代体育能够沿着社会主义方向健康、迅速地发展。

除了注重制定体育的各项方针、政策，党和政府还十分重视现代体育的管理体制的建立。1949年10月，在原中华体育协进会的基础上改组建立了中华全国体育总会，朱德任名誉主席，并逐步建立了各地方和基层的体育总会分会。1952年11月，中央人民政府委员会通过决议，成立中央人民政府体育运动委员会，统一领导和监督全国的体育事业，并任命副总理贺龙兼任国家体育运动委员会主任。贺龙任国家体育运动委员会主任所作的第一个报告就指出："体育工作必须积极地为国家的总路线服务。""为了保证体育运动的开展，必须建立和健全各级体委。"此后，县以上各级政府逐步建立了体育运动委员会。教育部、中华全国总工会、中国人民解放军建立了体育工作机构，铁路、煤矿、冶金等20多个系统也分别建立了行业体育协会和基层体育协会。另外，还建立了一批国防体育协会和俱乐部。

在党和政府的直接关怀下，一个协调有效的体育管理领导体制基本建立，并形成三大系统，即国家行政部门系统、军队系统和社会组织系统。

国家行政部门系统主要是指体育运动委员会（现国家体育总局）系统。国家体育运动委员会（国家体育总局）是国务院主管体育工作的行政部门，负责统一领导、协调、监督全国的体育事业。其主要职责是：管理所属各单位和领导地方各级体委的工作；指导、配合各有关部门在体育方面的工作，负责检查对国务院发布或批准发布的关于体育运动问题的决定的执行情况；推行国家体育锻炼标准，开展群众性体育活动，组织提高运动技术水平的工作；制订体育事业发展规划，制订全国性的运动竞赛计划，制订和批准各项运动竞赛规划，举办全国性的运动竞赛，批准各项运动全国性的成绩和新纪录；负责体育国际联系，以及负责领导和管理其他有关体育工作。国务院其他部委与国家体育运动委员会相配合，分别主管本系统的体育工作。

军队系统是由中共中央军事委员会总参谋部、总政治部、总后勤部实施对体育工作的管理，三总部组成的体育指导委员会是管理军队体育工作的职能机构。其主要职责是：制订军队系统体育的规划和计划；实施军事训练中的身体训练工作；管理军队院校体育工作；举办全军运动会和各类运动竞赛，组织参加全国运动会和各类运动竞赛；培养优秀运动员，参加国际军队间体育交往，负责军队体育设施及经费使用等工作。

社会组织系统包括社会组织、社会群众团体以及民间体育组织。如中华全国体育总会和中国奥林匹克委员会，是全国性的社会体育组织，主要任务是团结全国体育工作者，努力发展我国的社会主义体育事业，增强人民体质，攀登世界体育高峰，为建设社会主义现代化强国服务，为促进各国人民和运动员之间的了解和友谊服务。他们的具体职责是：宣传和开展群众性的体育运动，增强人民体质，提高运动技术水平；团结全国体育工作者、体育爱好者，并协同各有关部门，调动一切积极因素，为发展我国体育事业作出贡献；开展同有关部门联合举办的全国性体育竞赛和运动会；加强与国际体育组织的联系，开展与各国的体育交流，举办和参加国际体育竞赛。这些职责分别由所属各级地方体育分会和单项运动协会共同完成。

全国性的社会体育组织还有中国体育科学学会，它是体育科学技术工作者的学术性群众团体，是中国科学技术协会的组成部分。中国体育科学学会提倡辩证唯物主义，坚持实事求是的科学态度，认真贯彻“百花齐放，百家争鸣”的方针，充分发扬民主，开展学术上的自由讨论，并团结广大体育科学技术工作者，为繁荣和发展我国体育科技事业，为促进体育科技战线出成果、出人才，为我国的体育事业的发展作出最大的贡献。其主要工作是：积极开展体育学术交流活动，组织重点学术课题的探讨和科学考察活动；编辑出版体育学术书刊；努力普及体育科学技术知识，积极传播体育科研、教学、训练等方面的经验；对我国重要的体育科技政策和问题发挥咨询作用，积极地提出合理化的建议，经常向有关部门反映体育科技工作者的意见和呼声；积极开展国际体育学术交流活动，加强同国外体育科学技术团体和科学技术工作者的友好联系；根据国家经济建设和学科发展的需要，举办各种培训班、讲习班或进修班，努力提高会员的学术水平，并积极发现人才，向有关部门推荐；举办为体育科技工作者服务的事业和活动。中国体育科学学会根据学术活动的需要，可设立若干分科（专业）学会或研究会，作为理事会领导下的学术机构。各省、市、自治区和科技人员集中的省辖市可根据条件和中国体育科学学会的要求与当地实际需要，成立省、市、自治区（省辖市）

体育科学学会。

此外，还有中华全国总工会、中国共产主义青年团、中华全国妇女联合会、中华全国青年联合会、中华全国学生联合会等社会群众团体，在动员和组织全社会各个方面，如学生、青年、妇女、工人等参加体育活动，配合其他部门及社会组织和团体开展体育工作等方面都发挥了非常积极的作用。在建立了完善的管理体制的前提下，我国还逐步颁布了一系列制度，如《国家体育锻炼标准》《运动员技术等级制度》《裁判员技术等级制度》《教练员技术等级制度》《体育运动竞赛制度》等，这些制度的建立对于促进我国群众性体育运动的开展，提高我国的运动技术水平起到了积极的促进作用。

我国体育管理体制的建立和完善，对我国体育事业的发展起到了至关重要的作用。

三、我国现代体育的现状及展望

现代体育的兴起是文明社会的标志之一。随着科学技术的进步和社会生活的需要，体育已成为一种普遍的社会现象，渗透到整个社会的各个阶层和领域，深刻地影响着人们的健康与生活。

现代体育一般可以分为三个方面，一是学校体育，二是群众体育，三是竞技体育。这三个方面既有区别又互相联系、互相渗透，构成了体育运动的整体。

学校体育是现代体育的基础，是学校教育的重要组成部分，是培养德、智、体全面发展的社会主义建设人才的一个重要方面。新中国成立以来，党和政府十分关怀和重视学校体育的开展，采取了一系列重要措施，逐步地建立起一套体育制度，要求各级各类学校必须把体育作为贯彻党的教育方针的一个方面列入学校工作计划，并在很长时间内专门要求按全国统一制定的各级学校体育教学大纲和教材来完成体育课程的教学工作，要求各级各类学校要广泛地开展早操、课间操和课外体育活动，同时为各级各类学校培养了大量的体育师资，还为学校的体育开展提供了一定的物资条件。这些措施使学校体育工作得到了很大发展，增强了学生体质，丰富了学生的课外文化生活，有力地促进了青少年一代在德、智、体诸方面协调全面地发展。群众体育在这里主要是指厂矿、企业、公司、机关的职工，城市居民和农村农民的体育活动，是人们在现代社会中的一种生活方式和基本生活内容。党和政府对开展群众体育很重视，曾做出了一系列的指示，并采取了许多具体措施，保证群众体育的开展。早在1954 年 1 月，党中央发出的《关于加强人民体育运动工作的指示》中就指出：“改善人民的健康状况，增强人民体质，是党的一项重要的政治任务。特别是当前国家已进入有计划的经济建设的新的历史时期，更需要人民有健康的身体。但现在人民的健康状况，还远不能适应各项工作的需要。”党中央的这一重要指示，对于发展我国的体育事业，开展群众体育具有重要的指导意义。随着人民群众生活水平的不断提高，体育运动已成为人们日常生活中的一种需要，我国人民的身体健康意识日益加强，健康水平不断提高。

竞技体育是整个体育中最活跃、最积极的因素，它是指为了最大限度地发挥个人或集体在体格、体能、心理及运动能力等方面的潜力，取得优异运动成绩而进行的科学的、系统的训练和竞赛。为了使我国的体育运动尽快走向世界，使我国成为世界体育运动强国，党和政府在加强群众体育工作，促进其蓬勃发展的同时，紧紧抓住提高这个重要环节，集中力量赶超世界先进水平。特别是在 20 世纪 70 年代后，不断举办大规模的运动竞赛，扩大国际体育交往，改革体育运动竞赛制度，使我国的竞技体育运动水平不断提高，使我国体育队伍成为世界上一支极具实力的劲旅。

从现代体育发展的情况来分析其趋势，我们认为现代体育从其日益凸显出来的三个方向已经充分反映出它的走向脉络，即朝着国际化、社会化、科学化方向发展。中国的现代体育已经完全融入世界现代体育的发展进程之中，并朝着这三个方向演进。

（一）国际化

在国际奥林匹克运动的推动下，竞技体育的国际规模日益扩大。目前除了 4 年一度的夏季和冬季奥运会外，还有各大洲的综合性运动会和地区性的运动会。这些运动会大大促进了体育运动国际化的发展。此外，各种单项国际体育组织还定期举办世界锦标赛、世界杯赛、洲际和地区性锦标赛。这些比赛都是在国际通行的规则和规程的统一标准下进行的，它不仅促进了体育运动的发展与进步，而且推动了人类社会和平共处的精神文明程度以及促进了各国人民之间的相互了解和友谊。我国的现代体育的国际化大发展是从 1971 年开始的。这一年的第二十六届联合国大会以压倒多数的投票通过了中国在联合国的合法席位，这为中国体育全面登上世界体育舞台创造了十分有利的条件。1973 年在伊朗的德黑兰举行的亚运会联合会理事会特别会议上，以压倒多数的投票通过决议确认中华全国体育总会为亚运会联合会会员。1974 年德黑兰第七届亚运会上由 385 人组成的中国体育代表团第一次参加了亚运会，并取得了比较好的成绩。1978 年第八届亚运会中国体育代表团获得总分第二名。1982 年第九届亚运会中国体育代表团共获金牌 61 枚、银牌 51 枚、铜牌 41 枚，金牌总数雄居亚洲第一名。在 1986 年第十届汉城亚运会上，中国体育代表团共获得金牌 94 枚，金牌总数再次居亚洲第一。此后，就一直牢牢地巩固住了在亚洲的霸主地位。特别是 1979 年中国奥林匹克委员会在国际奥委会中的合法席位得到恢复后，中国在此后的历届奥运会中均有出色的表现。1980 年在美国普拉西德湖，中国代表团第一次参加了（第十三届）冬季奥林匹克运动会（简称冬奥会）。1984 年，中国代表团参加了第二十三届夏季奥林匹克运动会（简称奥运会），这是中国第一次全面参加夏奥会，并取得了金牌 15 枚、银牌 8 枚、铜牌 9 枚，且金牌总数第四位、奖牌总数第六位的好成绩。这是我国体育史上具有历史意义的重大突破，它标志着我国体育事业的新飞跃。在此后的历届奥运会上，中国体育代表团都取得了十分骄人的成绩，特别是在 2004 年第二十八届雅典奥林匹克运动会上，我国选手夺得了 32 枚金牌、17 枚银牌、14 枚铜牌，取得了位居金牌总数第二名的骄人战绩，使我国成功跨入竞技体育强国第一集团的行列。此外，中国的大学生运动员在世界大学生运动会上，中学生运动员在世界中学生运动会上都有卓越的表现。中国的体育开始进入世界体育强国的行列，特别是我国北京申办 2008 年奥运会的成功，更是说明我国的体育已成为全球体育举足轻重的组成部分，其国际化程度达到了一个新的高度。

现代体育运动的国际化除了竞技体育的国际化程度不断提高外，体育的国际学术交流也日益加强，国际间的学术活动非常频繁。一些主要学科，如运动医学、运动生理学、运动心理学、运动生物化学、运动生物力学、体育哲学、体育史学、体育教育学、体育情报学、比较体育学都有其国际组织，还有一些综合性的体育学术组织，这些组织除了定期举办各种类型的国际学术交流活动，如论文报告会、学术讲座等等外，还出版一些体育科技刊物进行更广泛的国际交流。目前世界上的国际体育组织中都有中国的席位，有许多国际体育组织的领导职务都由中国人担任，中国的体育科学学术水平也日益提高，在国际上产生了十分深远的影响。

此外，大众体育的国际化也随着世界新技术革命的发展而发展。在经济发达国家，大众体育已成为国际潮流，大有与竞技体育并驾齐驱之势。近年来，大众体育的国际交流和学术研究也有了较大发展。国际上已成立了大众体育组织和残疾人体育组织。国际奥林匹克委员会和一些国际单项体育组织也成立了大众体育机构，以加强对大众体育的领导。中国的大众体育也始终走在世界的前列，群众参与各种体育运动的热情和频率越来越高，体育运动已成为人们生活中的一部分，一些街头、广场、社区、公园等场所的健身活动吸引了越来越多的人加入。中国的残疾人体育运动受到了党和政府以及全社会的关注，并取得了很好的成绩，在近几届的残奥会上，中国选手的表现都很出色，中国已成为世界上公认的开展残疾人体育很好的国家之一和残疾人运动水平一流的国家之一。

（二）社会化

体育是社会发展的产物，又对社会发展起到积极的促进作用。现代体育的社会功能已大大超过增强人体质的范围，成为改善生活方式和提高生活质量的不可缺少的因素，体育活动在现代社会已越来越成为人们生活的必需品。体育社会化有两种含义，一是体育面向社会，二是全社会都来兴办体育。体育成为一种社会事业，这一趋势在发达国家日益明显。

竞技体育的社会化在西方国家主要是以俱乐部的形式表现出来，也就是各个运动项目均由俱乐部来开展训练和竞赛。这种训练和竞赛是通过各种单项或综合性运动协会来领导。这些俱乐部广泛招收会员，通过竞赛来进行选拔。俱乐部中有大、中学生，有的大、中学校本身就有校队和俱乐部。同时各产业系统也办俱乐部，这种俱乐部多为单项运动形式的俱乐部。这种形式的社会化是通过充分调动社会各个方面的积极性所体现出来的。中国的体育社会化除了有俱乐部的形式外，还有涉及面更广的学校体育、军队体育、社区体育、企业体育等形式。在这些形式的体育中都包含了两个方面的具体内容：一是大面积的人员广泛参与，即普及；二是精选高水平的运动员组建代表队，即提高。这两种形式互相支撑、互相补充，形成了具有中国特色的体育社会化的突出特点。

社会体育本身就是社会性的活动，不同年龄、性别、阶层的人们，都离不开体育。社会上各行各业都把兴办体育作为一种公共事业，银行、保险公司、百货公司、工厂、企业均把体育运动作为职工福利与社会保险有关的一项事业，这是大众体育发展的基础。另外，学校体育社会化的表现有诸如学校体育运动场地对社会开放，学校也可以利用社会上的体育设施，学校还可以利用社会上的人力资源来开展学校体育等形式。

（三）科学化

随着科学技术水平的不断发展，人们的生活水平不断提高，现代体育也适应这种发展而发展，它在一切领域广泛采用现代科学技术的理论与方法，其中包括体育的决策、管理、教学、训练和科研。体育管理的科学化主要体现在领导决策方法的科学化和运用现代科学理论方法制定政策，进行体育各项工作的管理。例如，运用科学预测方法进行体育发展战略研究，为领导决策提供科学依据和可行性分析。对体育系统的各种数据建立数据库，运用电子计算机技术进行处理，掌握所管辖范围的各种体育信息。另外，管理科学化还体现在办公自动化水平上。近几年来，我国的体育管理随着我国经济实力的增强而不断加强和提高，体育实施的监测网络初具雏形，为我国体育的管理和决策提供了一些较为真实和科学的依据。有些管理的机制得到了一些适应性的改进，一部分体育实体与体育行政部门脱钩，充分发挥市场的调节机制，让这些实体进入市场，经受市场经济的洗礼，并取得了很好的社会效益。

体育教学的科学化应该是体育思想的科学化。如体育课课时的科学安排，遵循学生的生理和心理特点以及学校所处的地区特点和学校的人力及物力资源来制订教学计划和教学大纲，正确掌握体育课的强度和密度以及采取科学的方法来有效地增强学生体质等。体育教学的科学化还体现在运用电化教学手段进行教学以及运用简单的检测手段来检查运动负荷等。我国的体育教学科学化是随着我国经济水平的不断提高而加强的。特别是在全党、全国重视教育，把教育作为中华民族全面复兴的重要举措列入其工作范围的前提下，体育教学作为教育改革的素质教育中的一个重要方面，得到了前所未有的重视，无论是在软环境还是在硬环境上的投入都有了显著增强。

随着我国经济建设的不断巩固和发展，现代科学技术对我国群众体育的开展提供了优越的条件。如采用“运动处方”来指导群众锻炼身体；广泛开设各种类型的保健和康复中心，这些中心使用了大量的现代化设施，如电脑控制的多功能健身器、功率自行车、按摩器、蒸气浴等，使体力劳动者和脑力劳动者能在中心指导下尽快地消除身心疲劳，保持健康。

在运动训练中，现代科学技术的应用也是十分广泛的，可以这样认为，当今竞技体育的竞赛在很大程度上是科学技术的较量。因为没有科学的训练，就不可能有更高的运动水平。一个运动员从选材开始，要经过多年系统的训练，训练中的医务监督、伤病防治、技术诊断、成绩预测、食物营养、精神和体力的恢复等，都需要借助科学技术予以解决。

由于运动训练是一门多学科的综合学问，涉及运动学、运动生物力学、运动生理学、运动心理学、人类学、社会学等多种学科，所以对实施运动训练的人的要求就会越来越高。要把这些相关的知识有机地、综合地、辩证地、合理地运用到运动训练中，并且运用电子计算机技术，模拟运动员的训练，制订训练计划，不断反馈，得出最佳训练方案。同时电子计算机技术还可用于进行多学科的综合研究，把各种数据进行综合处理，得出科学的结论，使训练得到更合理的量化。目前，我国运动训练的科学技术应用程度已经有了很大的提高，在运动训练中采用了一系列科学的、现代化的手段，不仅使用大量的测试仪器，而且运用信息反馈原理、广泛采用声像技术、训练中的各种辅助器材以及机器人在训练中的使用等科学技术，使我国的运动训练的科学化程度越来越高，训练水平越来越高。在雅典奥运会中，我国运动员突出的表现就充分说明了科学训练在我国已经取得了突破性的进展。

运动竞赛中科学技术的应用更为广泛和突出。曾经有人把竞技场喻为“现代科学技术的橱窗”不是没有道理的。还是在20年前，也就是1984年，美国的洛杉矶奥运会就展示了许多科技的最新成就，其中仅通信系统就价值5000万美元，为比赛服务的电子计算机也达到300余台。1990年在中国北京举行的第十一届亚洲运动会（简称亚运会）中，中国的通信以及电视转播系统、比赛场馆及其设施、运动员食宿住行等方面的科学技术的应用也有许多新的成就展现。我国在运动竞赛中的科学技术的应用已随着我国经济实力的增强而更加广泛和突出。

我国的现代体育运动除了朝着国际化、社会化、科学化的方向发展外，还朝着终身化、生活化、市场化、产业化、法制化的方向迈进，这已成为一个总的发展趋势。

第三部分　曲折发展的民族传统体育

从 1966 年 5 月开始的为期 10 年的“文化大革命”，给中国人民带来了巨大的灾难。这一时期，体育战线随着整个社会政治形势的起伏变化，各个领域都呈现出此起彼落的阶段性状况和特色。

一、风雨飘零中的学校体育

延续了 10 年的“文化大革命”使教育包括体育教育受到了严重的破坏。学校体育也在这一风雨飘零的年代里走过了一段曲折而艰难的历程。

“教育革命”反映在学校体育方面所出现的直接结果，就是学习课程减少，学习课时减少，大量的时间则用于进行体育锻炼。为了体现了“教育革命”的重要意义，学校体育中体育课的主要内容首先以“军训”取而代之，违背了学校体育的目的和学生身心发展的规律。

1967 年学校在停顿一段时间而又复课后，学生无视教学规章制度，上“体育课”随意迟到、早退、旷课的现象极为普遍。1971 年以后，经过整顿，这种状况得到了一定的改善。但是，受无政府主义思潮的影响，学生根据兴趣选择是否上课的现象还是时有发生，使得体育教师在多数情况下无法组织教学，体育教学中放任自流的现象相当普遍，给体育教育造成了极大的损失，导致学生身体状况明显下降，中小学生的肺活量、心血管系统功能等的指标都低于“文化大革命”前的同龄学生水平，运动技术水平也大大降低。

二、学校体育的转机

1971 年后，随着贵州各个领域开始出现复苏的转机，贵州各级学校中的教学秩序也开始恢复正常。一些体育院校和大学的体育系开始恢复招收体育专业学生，一部分师范学院还开办了体育专业教师培训班，为逐渐恢复教学秩序的中、小学培养体育教师。从 1974 年开始，邓小平同志恢复工作并担任国务院副总理，兼管体育工作，学校体育才有了很大的转机。

在贵州的体育事业遭受严重摧残的 10 年里，群众体育却在一定程度上恢复快、发展迅速且普及面广，在许多方面表现出十足的“形式化”和“畸形”的兴盛。

在“文革”初期，一些群众性的“体育活动”在某种程度上开展得甚为“轰轰烈烈”，像“全民游泳”“语录拳”“语录操”等。在许多大的群众性“政治”活动中，常常可以看到这些“革命性”的体育活动，这是当时背景下所产生的一种怪现象。这些大规模的“形式化”的职工体育活动的“热潮”，在当时也对职工群众体育起到了一种超乎寻常的刺激作用。

在这场运动中，在整个体育战线受到冲击的同时，农村体育遭受的摧残主要反映在一些传统的民间体育方面。但由于农村在“文化大革命”中受到的冲击相对于城市而言要小得多，社会环境相对平稳，因此，在整个农村体育遭受局部冲击的情况下，也在一定程度上给农村体育活动的开展提供了某种基础条件。1969 年开始的“知识青年上山下乡”运动，客观上使熟悉体育的城市学生扮演了一种体育传播者的角色，体育成为了广大农民和“知识青年”闲暇时间用以自娱的重要内容。许多体育活动都是自发的，如在一些居住集中的村庄和农村，农民就利用所在地学校的场地和生产队的晒谷场，开展球类、拔河、举石锁、石担等活动，更有的用土篮球场进行简单的篮球活动。

“文化大革命”中农村体育所呈现的“兴盛”局面，是在特殊政治背景下产生的一种特殊现象。出于政治目的，对农村群众体育活动要求过高过急，超越客观规律，或者在指导工作中搞一刀切，同样会脱离群众，引起群众的不满，影响群众性体育事业的发展。这也是“文化大革命”中农村群众体育“兴盛”现象所带给我们的教训。

三、浩劫中的竞技体育

在“文化大革命”给贵州的整个事业带来巨大灾难的同时，竞技体育首当其冲地遭到了严重的摧残。这期间，首先是专业运动队伍多数被解散，使得运动技术水平急剧下降；其次，国际性的竞赛活动也几乎被取消，许多有才华的青少年也被耽误了运动青春。

1966 年，随着“文化大革命”的开始，体育系统由此开始了一段无序的发展时期，同时也被卷入了一场浩大的政治运动的漩涡之中。一大批体育界的领导同志和教练员、运动员受到残酷的迫害，各地用于训练和比赛的场馆多被关闭，有的甚至成为专用的大规模集会、搞斗争大会的会场。更为严重的是，各地体育系统自新中国成立以来克服种种经济困难而购置的大批竞技比赛器材、设施，遭受严重毁损而无人管理和制止。在极“左”思潮的控制下，竞技体育与“资产阶级锦标主义”等同而遭到批判，导致国内国际重大竞技体育比赛被完全取消。贵州的竞技体育事业，在经过了一番浩劫后，受到了严重的摧残。

1971 年的“乒乓外交”成为竞技体育出现转机的重要契机。出于国际体育交流和比赛的需要，一些专业运动队开始重新组织和恢复，体育场馆重新开始用于训练和比赛，贵州省也召开了区域性单项比赛等各类运动会。从此，竞技体育开始走向复苏。

四、飞速发展的群众体育

“文化大革命”开始后，职工正常的体育活动基本停止，直到 1972 年才开始逐渐恢复。

1973 年，全省职工驻军篮球比赛，共计有 8 个地、州、市和 19 个系统、4 个驻地部队的 55 支男女篮球队，660 名运动员参加，在 4 个地区、2 个阶段、299 场的比赛中有 70 多场比赛安排在较边远的厂矿、部队、学校和农村，观众达数 10 万多人次。

1976 年 7 月 16 日，全省各地纷纷举行纪念毛泽东畅游长江活动。贵阳地区和清镇县在红枫湖隆重举行盛大游泳活动，有部队、民兵 8 个连参加武装泅渡，5000 余人参加游泳表演以及对空射击、空模表演。同年，铜仁县举办的畅游活动，有 8514 人参加。1977 年 7 月 16 日这一天，据全省不完全统计，有 50 多万工农兵群众，参加横渡江河、湖泊、水库的活动。

威宁、湄潭、台江、贵定、荔波等县开展农村体育活动时间长，规模大，深受群众欢迎。就威宁而言，在全县农村，有 3 万多男女老少坚持参加体育活动，仅篮球队就有 700 多个，男女运动员 6000 多人，全区和各公社、大队举办的运动会 659 次，参加的人数 63 000 多人次，涌现了不少“体育之家”。牛棚区参加县里举办的运动会达 17 次。男女篮球队在毕节地区和全省农民篮球比赛中曾多次获得冠军和亚军。1972 年春节，威宁县在牛棚区召开全县篮球运动暨民兵军事体育现场会，同年 5 月毕节军分区和威宁县武装部在牛棚区召开民兵军事体育代表会，交流了牛棚区的先进经验。1972 年，牛棚区人武部部长禄永华出席了全国群众体育先进单位经验交流会。1973 年，牛棚区男女篮球队出席在思南县许家坝区召开的贵州省农村体育先进典型会议。1974 年，牛棚区组织施那公社五星大队男子篮球队、麻窝公社双营大队（回族大队）女子篮球队，出席在台江县东风寨召开的全省农村体育现场会。1975 年，牛棚区革委会副主任马应堂出席了全国第三届运动体育先进单位表彰会，受到表彰并获奖旗一面。

20 世纪 70 年代，黔东南苗族侗族自治州台江县革东镇（东风寨）“苗寨女篮”的名声很响。革东镇位于台江县城东 17 公里的清水江畔，是苗族聚居的地方，苗族人口占全镇总人口的 90%以上。苗寨女篮的第一任队长张先玉一家 8 口人都喜欢篮球运动，她组织寨上的姐妹们到篮球场活动。她们利用副业收入买篮球和运动衣，并带头换下民族服装穿上运动装。1972 年 1 月，《贵州日报》以《为革命锻炼身体》为题介绍了“苗寨女篮”开展体育活动情况，省体委派工作组到台江进行调查研究，总结经验。1973 年，省体委在台江县革东镇召开农村体育现场会推广“苗寨女篮”的经验，并组织现场参观篮球比赛。1978 年，“苗寨女篮”被评为全国体育先进集体，女篮队员刘鼎英被选为贵州省体育代表团成员，赴北京参加第三届全国运动会群众先进表彰会，受到党和国家领导人的接见。

第四部分　全面崛起的民族传统体育

民族传统体育具有悠久的历史，有着发祥早、分布广、种类多等特点。新中国成立以来，我国民族传统体育经历了从挖掘、整理、普及、提高到完善的发展阶段。纵观民族传统体育的发展过程，民族体育在走向科学化、规范化、社会化道路的过程中不断地得到更新和升华。

突破了一定的经济、文化、政治、历史等因素的影响，民族传统体育在更大的范围内得以传播，一些项目如武术、保健气功等民族体育项目，也打破秘不外传的状态，使其大众化、通俗化，扩大了群众基础，从而使其立足于现代社会。民族传统体育运动会的召开与裁判、规则的统一，标志着民族传统体育逐步走向规范。

一、板鞋竞速

（一）板鞋竞速发展概况

板鞋竞速是一项集群众性、娱乐性、竞技性于一体的民族传统体育，器材简单，因地制宜，不受年龄、性别、条件的限制，深受壮族人民的喜爱。每逢喜庆节日、假日，板鞋竞速就成为壮族体育爱好者、学校学生开展健身活动的项目之一，

板鞋运动起源于明朝嘉靖年间，至今已有200多年的历史。据说，明朝嘉靖年间，广西壮族女英雄瓦氏夫人曾经以板鞋作为“秘密武器”，训练士兵之间的团结性以及协作能力。她让3名士兵同穿上一副长板鞋一起跑步，长期如此训练，士兵的素质大大提高，斗志高涨，所向披靡，从而在战场上大败倭寇，为壮乡人民立了大功。后来，南丹县那地州壮族人民模仿瓦氏夫人练兵方法，开展3人板鞋竞技活动自娱自乐，相袭成俗，流传至今。2005年，国家民委、国家体育总局批准将“板鞋竞速”列为全国少数民族传统体育运动会的正式比赛项目（如图4-1所示）。

图4-1　板鞋竞速

（二）板鞋竞速竞赛方法

板鞋竞速是由多名运动员一起将足套在同一双板鞋上在田径场上进行的比赛，以在同等的距离内所用的时间多少决定名次。竞赛分单项比赛和接力比赛两大类。

1．场地

场地线宽均为 5 厘米，跑道分道宽 2.44～2.50 米。可根据比赛的需要和场地状况设置跑道的多少。

2．器材

比赛板鞋以长度为 100 厘米、宽度为 9 厘米、厚度为 3 厘米的木料制成。以三人板鞋为例（如图 4-2 所示），每只板鞋配有 3 块宽度为 5 厘米的护足面皮，分别固定在板鞋规定的距离上，护皮以套紧脚面为宜。第一块护皮前沿距板鞋前端 7 厘米，第二块护皮在第一块护皮与第三块护皮的中间，第三块护皮后沿距板鞋末端 15 厘米。

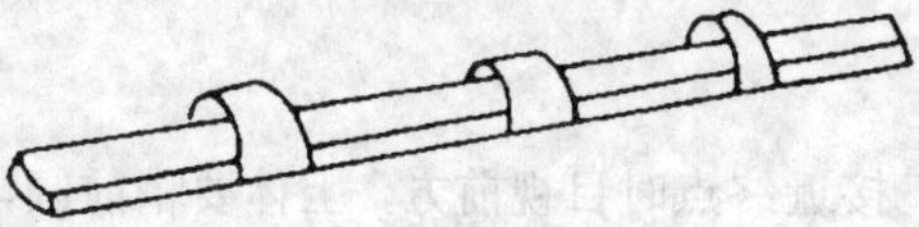

图 4-2　三人板鞋

3．竞赛办法

（1）比赛中，运动员应自始至终在各自道次内进行。

（2）各就位：运动员将板鞋置于跑道起跑线前，运动员共同套好板鞋，任何一支板鞋不得触及或超过起跑线。

（3）鸣枪：枪响后，运动员方可启动跑进。

（4）运动员在比赛过程中，如果出现某一队员脚脱离板鞋脚触地或摔倒，须在触地（落地）处重新套好板鞋继续比赛。

（5）以第一名运动员身体躯干任何部位抵达终点线后沿垂直面瞬间为止，运动员的身体和板鞋须全部超过终点线后才能分离。

（6）接力赛：每个接力区长度为10米，在中心线前后各5米，交接的开始与结束均从接力区分界线的后沿算起。第一棒队员和第二棒队员的交接必须在接力区内完成。完成交接的队员应停留在各自的分道或接力区内，直到跑道畅通后方可离开。

全自动电子计时或手动计时均可，电子计时成绩均以百分之一秒为最小计时单位。

（7）抢跑：鸣枪前跑进起跑线，第一次给予警告，第二次取消犯规者该项目比赛资格。

（8）运动员在比赛过程中窜离本跑道；比赛中运动员脚脱离板鞋触地，未在原地穿好板鞋；运动员抵达终点时，两只板鞋的一部分仍未过线，脚与板鞋分离。这三种情况下均取消犯规者该项目比赛资格。

（三）板鞋竞速的基本技术

1．板鞋竞速的技术

板鞋竞速的基本技术是由预备式、原地踏步、向前走、弯道走、快速跑和摆臂冲刺几个部分构成的。原地踏步、向前走决定板鞋竞速步伐的稳定性，弯道走、快速跑和摆臂的幅度决定板鞋竞速的速度。

（1）预备式

以右边上板鞋为例。练习者站立在板鞋右边，两眼平视前方，双手扶在同伴的肩上。先上右脚后上左脚，准备踏步。

（2）原地踏步－向前走－快速跑

当同伴都穿好板鞋后，为达到步调整齐一致，一人或一起喊口令“一、二、一”或“左、右、左”并原地踏步，声音押韵、步调一致。熟练后，两手不攀扶其他人，自然摆臂向前走，再慢慢过渡到自然跑、快速跑，提高竞技速度。

（3）弯道走

以左转为例。保持身体重心，克服转弯时的倾斜度，走动时整个身体稍向内倾斜，右肩高于左肩，右臂摆动幅度稍大且稍向外，左臂摆幅稍小，右脚前抬时稍向内扣，用前脚掌的内侧扣紧板鞋，左脚稍向外，脚外侧稍用力。在转弯后整个身体逐渐过渡到正常姿势，快速向前跑。

（4）终点冲刺

穿板鞋协调地向前走，接近终点时目视前方，上体要稍前倾，两小腿惯性前摆，积极带动两脚前抬加大幅度，快速向前摆动，冲过终点线。

二、民族式摔跤

（一）我国摔跤运动的发展概况

摔跤运动虽然在我国有悠久的历史，是我国各族人民喜闻乐见的运动项目之一，但是把它列为正式比赛项目，还是从近几十年开始的。新中国成立前，曾举行过中国式摔跤比赛。新中国成立后，在党和政府的关怀下，摔跤运动和其他体育项目一样，得到迅速的发展和提高。1953 年，中国式摔跤（绊跤）被正式列为比赛项目。1956 年在北京举行的全国摔跤锦标赛中，僧格（内蒙古）、杨子名（天津）、其木德（内蒙古）、宋保生（上海）等 10 人，荣获我国第一批中国式摔跤运动健将的光荣称号。

随着社会发展，在党的领导下，民族摔跤运动得到了党和政府的大力支持和高度重视。从 1953～2007 年，每 4 年一届的全国少数民族传统体育运动会上都有摔跤竞赛项目。1953 年 11 月在天津举行的第一届全国民族形式体育表演及竞赛大会上，将摔跤列为表演项目（当时称为“摔角”）。1982 年 9 月在呼和浩特市举行的第二届全国少数民族传统体育运动会，中国式摔跤被列为正式比赛项目。1986 年 8 月在乌鲁木齐市举行的第三届全国少数民族传统体育运动会，1991 年 11 月在南宁市举行的第四届全国少数民族传统体育运动会，1995 年 5 月在昆明市举行的第五届全国少数民族传统体育运动会，1999 年 9 月在北京举行的第六届全国少数民族传统体育运动会，2003 年 9 月在银川市举行的第七届全国少数民族传统体育运动会，2007 年 10 月的广州市举行的第八届全国少数民族传统体育运动会，中国式摔跤都作为正式比赛项目出现，这充分体现了党和政府对民族团结和少数民族传统体育事业的重视和关怀。

（二）我国民族式摔跤的种类及特点

民族式摔跤根据我国少数民族的风俗习惯和少数民族传统体育运动会规定项目而制定，其内容丰富，在竞技、角力、斗智、斗勇的攻防中，追求快速、巧妙、完美的技能，敏捷的身手，强健的体魄和快速的应变能力。民族式摔跤简单易学，是锻炼意志品质的完美运动，深受各民族人民的喜爱，所以成为普及体育运动项目之一，并且被国家体育总局列为少数民族传统体育运动会的正式比赛项目。全国少数民族传统体育运动会的民族式摔跤有 6 种：绊跤（满族）、搏克（蒙古族）、且里西（维吾尔族）、格（彝族）、北嘎（藏族）、摔跤（朝鲜族）。

1．绊跤（满族）

“绊跤”也称中国式摔跤，比赛按体重分为 5 个级别进行：52 公斤级、57 公斤级、62 公斤级、74 公斤级和 90 公斤级。运动员身着摔跤衣，在 14×14 米（保护区 2 米、比赛区 10 米）的比赛场地上进行。比赛时，相互用手抓牢对方的跤衣或腰带，采用背、绊、抱腿等招式，以把对手摔倒为胜，并根据动作质量和倒地情况可判得 1 分、2 分、3 分或不得分。每场比赛 3 个回合，每个回合 3 分钟，中间休息 1 分钟。每场比赛结束后，根据双方得分多少来评定胜负，得分多者为胜。如果比赛双方得分相差 10 分或者某一方运动员得三个 3 分，裁判员就立即宣布比赛结束，判为优势胜利。这两种情况无论在哪一局出现，比赛都立即停止。例如；在第二局的比赛过程中，蓝方运动员得 15 分，白方运动员得 5 分，双方相差 10 分，裁判员即可宣布比赛结束，判蓝方运动员优势胜利；如果蓝方运动员在第一局得两个 3 分，第二局一开始又得一个 3 分，裁判员也立即宣布比赛结束，判蓝方运动员获优势胜利。这样，第三局就不再进行比赛了。

绊跤比赛要求双方运动员积极进攻，如果一方运动员在比赛中消极，裁判员先进行劝告，劝告无效，就给予警告。一方运动员受到 3 次警告，则取消其该场比赛的资格。比赛时只许摔，不许打。根据规则规定，凡是使用伤害对方的动作，都算犯规。根据犯规情况，给予劝告、警告以及取消该场次或者该次比赛的资格。（如图 4-3 所示）

图 4-3　绊跤比赛

2．搏克（蒙古族）

“搏克”为蒙古语，意为结实、团结、持久的意思，它是蒙古族三大运动（摔跤、赛马、射箭）之首，是蒙古族“男儿三艺”之一。不管是祭敖包，还是开那达慕，搏克都是绝对不可缺少的主项。

搏克是我国内蒙古地区蒙古族特有的传统体育项目之一，有悠久的历史和独特的民族风格，深受广大牧民的喜爱。在草原上，每年夏、秋季节，牧民们在欢庆丰收的日子里举行那达慕大会，摔跤是会上最受欢迎的项目，牧民们踊跃参加。它绝不是一个简简单单的体育运动，而是曾在13世纪中国建立举世闻名的大元帝国的蒙古族先进文化的结晶。

参加搏克比赛的“布合”（摔跤手），按蒙古族的传统习惯身着嵌有铜钉的皮质“召得格”（摔跤衣），系腰带，穿肥大的裤子和马靴，给人以健壮有力的印象。比赛的“布合”分站两列，引吭高歌，手舞足蹈地进入场内。歌词大意是：“运动员们快快出来参加比赛。”比赛采用单淘汰制。参加那达慕大会摔跤比赛的人数必须是2的乘数，如2，4，6，8，16，…，512，参加比赛的总人数不能是单数，最大规模的比赛为512人。比赛只许抓上衣和腰带，不许抓裤子；可以用腿使绊，但不许抱腿。比赛不分体重大小，不受时间的限制，把对方摔倒一跤就算胜利。比赛结束后，按优胜者的名次，分别给予奖励（如图4-4所示）。

图4-4　搏克比赛

3. 且里西（维吾尔族）

且里西是新疆维吾尔族人民喜爱的传统体育项目，在节日或盛会上都举行摔跤比赛。参加比赛的运动员穿着民族服装，系着腰带进行比赛。一般先由年龄小的跤手开始，年龄大、技术好的跤手安排在后面。比赛开始前，先抓好腰带，裁判员宣布开始后，把对方摔倒成背着地为胜，3跤2胜，连续胜5人为优胜者。比赛时不能用腿使绊和抱腿。胜者由其父母或亲友簇拥着抬出场去。

4. 格（彝族）

格是彝族人民喜爱的一项民间传统体育活动，他们利用农闲、节假日进行摔跤，在村寨附近，选择一锅底形的方圆盆地或草坪做赛场。特别是每年农历六月二十四日“火把节”时，摔跤活动达到高潮。他们不论跤手还是观众，都弹起民族乐器，唱起民族歌曲，欢聚在摔跤场上。跤手在鼓乐声中列队进入场地，绕场一周，两人交手前互相拥抱，表示互相学习。比赛时，运动员赤背袒胸，穿短裤，腰上系一根带子，全身可以握抱，可以抓腰带，不许抓短裤。把对方摔倒后，可以继续翻滚，直至使对方单肩或双肩着地才算胜一跤。比赛不受时间的限制，一般采取 3 战 2 胜制，败者退下，换另一运动员上场。胜者直至无人与其较量，方被誉为“大力士”，并奖红布数丈。摔跤能手往往被姑娘们倾心爱慕。

格的技法主要以勾、掰、翘、挑、抱腰、抱单腿、夹臂翻等为正常方法，主要表现在力、巧、腰、腿、脚等的使用上，但不得绊腿。云南流行的摔跤类似自由摔跤，“云南抱腿”技术颇有独到之处，是值得学习的。

5. 北嘎（藏族）

北嘎是藏族的一项传统体育活动，每年在传召法会的闭幕式上举行。藏族北嘎，历史悠久，早在唐代松赞干布年间即已盛行。比赛时不能用脚绊，以被摔倒者为负，一局决胜负。

6. 朝鲜族摔跤

朝鲜族摔跤很有特色，一般按年龄分为少年、青年、壮年 3 级。每次正式比赛，都由少年摔跤开场。只要来到摔跤场，任何人都可以参加比赛。朝鲜族摔跤使用腰腿带。腰腿带用长 3 米的麻布或白布做成，先缠腰际，其余有伸缩性地缠在右腿上，腰带约 1.5 米长。比赛时，双方蹲身略向前倾，右膝着地，左膝弯曲，足掌轻扣地面，而后相互搂住右肩，各用右手抓住对方的腰带，左手抓住对方的腿带。裁判员的哨声一响，双方起身进行比赛。比赛中，不许扭对方的脖子和胳膊，不许用头部或拳头伤及对方。一般采用三战两胜决定胜负。

（三）民族式摔跤的健身价值

民族式摔跤是对抗性很强的传统体育项目，除要求运动员要具备勇敢顽强、敢打敢拼的精神外，还要求运动员要有良好的身体素质，所以，经常参加摔跤运动，可以培养练习者不怕困难、勇于拼搏的精神和身体各关节的灵活性以及肌肉的协调性。

摔跤比赛紧张激烈，一场比赛要不停地摔。从事摔跤活动对促进心血管系统和呼吸系统、循环系统的健康是大有好处的。

总之，经常参加摔跤运动，不仅能促进身体的全面发展，还能培养机智、勇敢、顽强果断的意志品质和力量、灵巧、速度、耐力等身体素质。所以，摔跤是一项十分有益的体育运动。

三、毽球

毽球运动，俗称“踢毽子”，又叫“打鸡”“攒花”等，是流传于湘、鄂、渝、黔 4 省边境地区的民间传统体育娱乐项目之一，是一种用鸡毛或鹅毛等插在橡胶或纸片等为材料的圆底上做成的一种游戏器具，至今已有 2000 多年的历史。它具有全面性、灵敏性、融合性、普及性、群众性、健身与娱乐性 6 大特点。

新中国成立以后，一种结绳代网进行隔网对抗的踢毽活动得到了充分肯定和大力支持，并作为一项体育比赛活动普及和发展起来，这就是广州的“网毽”游戏，也就是毽球运动的雏形。在我国京、津、沪及河北的承德等地区，民间传统踢毽子有着广泛的群众基础，流传在群众中间，多年来长盛不衰，而且随着毽球水平的不断提高和发展，由个人献技的踢毽也逐步向双人、三人或多人的集体方向过渡，既有个人的技艺特点，又渗透了集体的配合，更引起人民的积极参与和浓厚兴趣。据记载，1945 年我国部分城市开始定期举行踢“过河”

毽的比赛。简单的规则是将长方形的场地用 1 米宽的“河”分开，甲、乙两队各站一方开始对踢。若毽未踢过“河”，则失 1 分，每 1 局 10 分，一般采用 5 局 3 胜制。1947 年前后广州出现的“网毽”运动，用绳代替了“河”，扩大了场地范围，也增加了难度，对技术的要求也更高。他们还商定了规则，甲、乙双方各出 2～3 人，隔网对踢，落地失分。这项比赛吸引了街头巷尾和过路的群众前来围观，渐渐的这些群众也饶有兴趣地加入到“网毽”运动中来，并逐步向工厂、学校等行业渗透。在广州来往的华侨较多，他们便把“网毽”运动带到东南亚一些国家。新中国成立后，广州市体委新制定了规则，“网毽”运动有了新的发展，并推向全国，在全国掀起了“网毽”运动的热潮，为现代毽球运动的诞生奠定了基础。通过对“网毽”运动的进一步研究，1984 年 3 月 3 日原国家体委经考察将以往的“网毽”活动定名为毽球运动，并发布了《关于把毽球列为全国正式比赛项目的决定》。从此，古老的毽球跨入了一个新的发展阶段。同年 3 月，在北京举行全国毽球邀请赛，全国各省市都派代表来观摩学习，毽球运动开始在全国各地开展起来。1985 年 4 月原国家体委在苏州市举办了首届毽球锦标赛，全国各地掀起了开展毽球运动的热潮。在原国家体委的重视和关怀下，1988 年 2 月正式成立了中国毽球协会，建立了中国毽球协会的领导机构，这成为了我国毽球发展史上新的里程碑。一年一度的全国毽球锦标赛、职工比赛、中学生比赛已形成制度。1991 年原国家体委审定并颁布了第一本《毽球竞赛规则》此后，又制定了《毽球竞赛裁判法》。规则竞赛方法和裁判法的不断修改和完善，极大地促进了毽球运动的进一步普及和提高。例如踢毽球在土家族民间十分盛行，他们所用的毽球分为小钱毽、巴巴毽和绷子毽 3 种。客家踢毽子活动也是从秦汉开始，当时客家先民为了躲避战乱往南迁移，在源源不断地向南迁移过程中，踢毽子活动也在客家民系中传承发展，流传至今已有数千年历史，逐渐成为客家传统体育项目。目前，全国性的毽球比赛有一年一度的全国锦标赛和全国中学生毽球赛，并列为全国少数民族运动、农民运动会的正式比赛项目，地方组织的各级比赛也开展得非常普遍。由于各新闻媒体的传播，毽球运动引起不少国家的关注，尤其是改革开放以后能有机会与世界各国朋友进行体育文化交流，为毽球运动走向世界创造了有利条件。1986 年 11 月中国毽球队首次出访中国香港，1987 年 4 月应亚太地区体育总会和提本业余体育联合会的邀请访问了日本，1992 年又应邀出访欧洲，赴德国进行表演比赛。每次出访都会受到当地群众和体育界人士的热烈欢迎和赞扬，给他们留下了极深刻的印象。江苏太仓毽球厂生产的毽球远销日本、韩国、越南等东南亚国家和德国、瑞典、加拿大、美国等欧美国家。毽球运动很快传播到亚洲、欧洲、美洲等 19 个国家和地区。1999 年，国际毽联成立，目前有 21 个成员国。欧洲还成立了毽球联盟。2000 年第一届毽球锦标赛在匈牙利举行，此后国际毽联每年都举行一次世界毽球锦标赛。可见，毽球运动正一步步走向世界。自我国 1995 年第五届民族运动会起，毽球运动列为少数民族传统体育运动会的正式项目。

四、抢花炮

抢花炮是我国少数民族传统体育项目之一，最初在侗族、壮族和仫佬族等几个民族中流行，是一项具有浓郁民族特色的体育活动，经考证已有数百年的历史。由于它具有强烈的竞争性、对抗性、娱乐性和独特的民族风格，所以长盛不衰，被誉为“东方橄榄球”。

每逢农历正月初三、二月初二或三月初三，壮族、侗族和仫佬族都要举办传统节日——

花炮节，进行抢花炮比赛。

传统花炮是铁制圆环，直径约 5 厘米，铁环上用红布或红绸缠绕。比赛时把花炮放在送炮器上，送炮器上装有火药，点燃后，将花炮轰上天空。待花炮落地后，由参赛者抢夺花炮，并送到指定区域得分取胜。按照民间传统说法，花炮只燃放 3 次，抢到头炮者象征人财兴旺，抢到二炮者象征五谷丰登，抢到三炮者象征万事如意。花炮的发射方法，历来沿用火药发射法，也就是在场地中央发炮铁筒内装填火药点燃引爆，以其冲击力把花炮（铁环）送入空中。但是，在群众聚集的场合明火点燃火药的危险做法，在现代社会被许多地区和城市所禁止，火药发射的不安全因素成为影响该项目发展的障碍。

在第二届全国少数民族传统体育运动会上曾进行过抢花炮的表演，从第三届全国少数民族传统体育运动会开始，抢花炮被正式列入比赛项目。1999 年的第六届全国少数民族传统体育运动会，以加强竞赛安全、避免人身伤害事故、提高竞赛质量为目的，民族运动会的组织者对花炮发射的传统做法实行改进，组织工程技术人员研制了科学、安全的电动发炮器。电动发炮器以电机旋转为动力带动花炮高速飞旋，其发炮方向、角度均可调节，并保持了原始方法发炮、声音、炮烟三者齐出的民族传统体育项目特色。经过这一届民族运动会的技术改革，抢花炮项目适应了现代化的发展，传统古老的体育项目焕发了青春。抢花炮运动经历了不断改革和发展的过程，花炮的质地规格也发生了很大的变化。最初民间使用的是藤条圈，外面用红布缠绕，后来逐渐演变为胶制握力器（直径为 5 厘米，重约 50 克的胶制圆环），到现在发展成直径为 15 厘米，厚 2.5～3 厘米，重 150～200 克的胶质圆饼（如图 4-5、图 4-6 所示）。

图 4-5　花炮正面

图 4-6　花炮侧面

由于抢花炮比赛的比赛器具体积较小，接投难度大，所以，抢花炮比赛对参赛队员的要求比较高。抢花炮运动既要有个人的智慧，又要有集体的智慧，个人的智慧和力量凝聚成集体的力量才能获胜。

五、高脚竞速

高脚竞速运动是一项技术性较强的比赛项目。比赛中运动员要双手握住马杆，双脚踏在马镫上，同侧手脚配合运动。因为受马杆的限制，运动形式为同顺运动，即左手左脚同时向前摆动，右脚右手同时向后蹬地。高脚竞速俗称“踩高跷”“搏脚”“踹跷”和“拐子”，是京族、彝族、侗族、土家族、基诺族等盛行的一项集健身、娱乐、庆典为一体的民间传统体育活动，一直为各民族人民所喜好。

踩高跷运动分为民间表演和正式比赛。民间表演是一种欢庆节日的娱乐活动方式，表演者涂脂抹粉，身穿各种戏服，脚踩高跷，在锣、鼓、钗的伴奏下做背剑、抱剑、朝天蹬、骑象等各种动作，场面热闹非凡。而正式比赛则以高脚竞速为主要形式，分个人赛和接力赛两种。个人赛时，运动员双手各持一杆，同时脚踩杆上的踏板，在田径场上进行，以在同等的距离内所用的时间多少决定名次；接力赛时，运动员采用一副高脚杆交接进行，队员必须在接力区（宽2米）内完成交接，以最先到达终点者为胜方。要求参赛队员两脚踩在高跷上跑完全程，允许掉下高跷，但必须在原地上跷后才能继续前进。

高脚竞速是一项比速度、拼耐力的激烈运动，经常参加这项活动，能增强中枢神经系统的功能，提高人体基本活动的能力，特别是对改善维持身体平衡的前庭器官的稳定性和提高速度、力量、耐力、协调等身体素质都起着积极的作用，同时还能培养人们勇敢、顽强的意志品质和坚韧不拔的斗志，有助于身心全面发展，是一项具有很高锻炼价值和艺术价值的传统体育活动。

六、珍珠球

珍珠球运动是以满族采珍珠游戏为原形，篮球技术、规则为基础，结合排球、足球等其他一些运动技术、规则的特点所形成的一项新兴少数民族传统体育竞赛项目。在满族居住的地区对珍珠球的叫法也不相同，在北京称“采珍珠”，在辽宁省称“投空手”，在山东省称“打司令”。珍珠球作为一种游戏在民间流传，距今已有300多年的历史。居住在松花江、牡丹江及嫩江一带的古代满族采珠人，他们把采珍珠的工具（抄网）当做游戏器材，模仿采珍珠的生产劳动过程，发明了采珍珠游戏。最初这种游戏是在河中玩的，后又转到岸上。他们把猪膀胱吹满气当球，以传、投等动作投入抄网内为胜。该项日1991年在广西举行的第四届全国少数民族传统体育运动会上，第一次被列为运动会的正式比赛项目。

珍珠球运动是在参考篮球、手球规则的基础上制定而成的，它具有场地、器材的简易性和游戏形式的大众性等特点，其在水区的运动与篮球、手球运动有一定的共性，而在封锁区持拍防守队员又具有足球守门员和排球拦网队员的特点，因而具有较强的观赏性。同时，珍珠球运动的场地面积不大，所用器材较为简单，对场地器材要求不高，除正规比赛需要标准的场地与器材外，比赛可随意在街头空地或别墅花园、草坪之内进行，不受场地大小和地面质地的限制，无论是男女老少、亲朋好友，都可以找一块平整的空地，根据场地规定人数进行比赛，具有较强的实用价值。

珍珠球运动是综合的非周期性集体运动，其技术、战术系统的实践操作与实践运用过程，是通过在对抗变化着的特定时间、位置、距离、场地、设施、环境条件要求下，运用跑、跳、投等手段来完成的，在这一过程中，无论智力、生理、心理都要承受各种复杂因素的影响，因此，科学地参加珍珠球活动，对提高人体内脏器官与感受器官的功能和中枢神经系统的支配能力、增进健康、提高身体素质、促进心理修养、培养集体团队精神等都有积极的作用。

少数民族传统体育是民族精神的象征。通过参与珍珠球比赛，可以有效强化参与者的拼搏意识，敢于进取，学会尊重规则、尊重对手，使竞争心态更为健康，实现身体和个性的健康发展。

七、木球

木球运动起源于游戏。在唐代，作为早期木球运动的“步打球”游戏当时是宫廷中的一种活动，北宋后期木球运动逐渐由宫廷传入民间。民间流行的类似于木球的活动包括内蒙古草原上流行的“捞捞球”、辽宁沿海地区儿童喜爱的“打螃蟹”游戏、湖南江华瑶族自治县境内瑶族青年喜爱的木棒球、新疆维吾尔族青年喜爱的“帕普孜”等。

清代同治年间，木球运动已流传于现今宁夏回族自治区回族聚居地，距今已有100多年历史。早期它只是回族青少年在放牧时玩的一种集体比赛游戏，娱乐性是其最主要的特点，游戏的名称各不相同，如“打毛球”“打篮子”“赶木球”“打木球”等。木球已经成为回族的一项传统体育活动。

对于木球起源具有代表意义的游戏是“赶木球”，其比赛参加人数不限。游戏方法是在场地上挖坑，坑口直径约25厘米，深20厘米，坑数比参加人数少一个。另置一长20厘米、形同手电筒的短木棒作球。比赛时，每坑前站一人，均执长约1米的木棒，无坑者手持木棒，尽力将木球赶入任何一坑内，站在坑边者以棒阻拦。

“打毛球”“打篮子”游戏由参加者手持2～3尺长的厚木条，以球击中目标为得分。由于球的形状似木铆钉，故又称“打铆球”。游戏时双方以同等人数出场，球门与场地大小自由设定。每场10分钟，以进球多者为胜。比赛结束时，负方需罚“喝嗦儿”，即由胜方队员在球门处用棍将球击出，负方队员从端线跑向球落地，将球捡回，来回途中需发出“噢，噢”声，中间不准停歇。木球就是在上述几种游戏的基础上发展起来的。

现代木球运动开展自1982年第二届全国少数民族传统体育运动会。由宁夏回族自治区吴忠市体育部门组织的吴忠市马莲渠公社（现马莲渠乡）木球代表队，在第二届全国少数民族传统体育运动会上进行了两场表演赛。在1986年第三届全国少数民族传统体育运动会上，宁夏、湖南、新疆、北京等代表团均将本地区开展的“木球”比赛进行了表演。1990年9月受国家民委、国家体委委托，宁夏回族自治区民委、体委首次举办了全国木球教练员、裁判员学习班，并举行了全国8省区木球邀请赛。1991年在广西南宁的第四届全国少数民族传统体育运动会上第一次将木球列为正式比赛项目。

八、蹴球

蹴球运动原只是北方的满、蒙、回等民族中较为流行的一项民间游戏，由于地域文化、民族文化的影响，其玩法不一，也没有统一的场地和规则。新中国成立以后，在党和政府的关怀重视下，北京市民委、北京市体育局、北京体育大学的夏先生、窦先生等根据古代蹴球运动的演变规律，对此项运动进行了挖掘、整理，融入了促进人们身心健康发展的多种元素，舍去了糟粕，形成了现在具有高雅风格、较高技战术水平与较强观赏性的民族传统体育项目。1995年第四届北京市民族传统体育运动会上，北京的重要区县均组队参加了蹴球比赛。1993年第四届北京市机关运动会上，56个局级单位运动队报名参加蹴球比赛。1991年、1995年在全国少数民族传统体育运动会上，蹴球被列为表演项目。1998年11月在北京举行了全国蹴球教练员、裁判员学习班。1999年4月在北京的奥林匹克中心曲棍球场进行了首届蹴球邀请赛。1999年第六届全国少数民族传统体育运动会，蹴球运动被列为正式比赛项目。在这次运动会上，来自全国各省、自治区、直辖市以及解放军的22个代表队参加了蹴球比赛。经过第七届、第八届全国少数民族传统体育运动会，蹴球规则得到了进一步的修改和完善，使这项运动更加合理化和科学化。如今，这项运动已有了较大规模的赛事，全国各地参加这项活动的人数日益增多，深受广大人民群众的欢迎和喜爱。

蹴球是中华民族的体育明珠，它的挖掘整理成功，使千年古书上记载的蹴鞠以新的面目得到新生。由于器材简单、场地面积小，玩起来举止文雅、变化多端，又有趣味性和观赏性，老少皆宜，蹴球很受群众欢迎，是开展全民健身运动的一个好项目，为新形势下的全民健身运动作出了贡献。

九、陀螺

随着社会的发展，陀螺在各地的发展形态各异，玩法多样。其中在西南少数民族中比较盛行的是打陀螺。由于打陀螺既有对抗性，又有娱乐性，同时能增强人的体质，因此，在第一届至第四届全国少数民族传统体育运动会上被列为表演项目。1994 年，国家体委、国家民委把打陀螺列为第五届全国少数民族传统体育运动会的竞赛项目。

打陀螺在广西、云南、贵州等地开展得较为普遍。特别是广西、贵州、云南 3 省交界的瑶族和云南的哈尼族同胞最喜欢这项活动。不论男女老少、春夏秋冬，打陀螺成了瑶族人的一种娱乐方式。

瑶族人打的陀螺与其他民族的陀螺不同，大都采用当地又硬又沉的金刚木制成，其顶部平滑、形扁、矮脚，脚尖钉上铁钉，重心低，直径大，旋转平稳且时间长，顶部染上各种颜色，旋转时色彩斑斓，十分美观。其绳鞭一头粗，另一头细，长约 2 米左右。瑶族人常聚在一起进行打陀螺友谊赛，比赛分近距离和远距离两种。近距离比赛是由一人先旋放陀螺，另一人在距离 4 米左右的地方用绕好的陀螺旋打对方的陀螺，击中仍旋转者为胜方，可继续击打，打不中，双方轮换，以击中多者为胜方。远距离比赛是由一队在画好的圆圈内把陀螺全部旋放，让另一队在规定的 5 米距离以外逐个用陀螺旋打，以击中多且陀螺旋转时间长者为胜方。双方可以进行多次轮换。通过打陀螺比赛，可以促进人与人之间的交流，增进友谊，丰富人们的文化生活。打陀螺的比赛方法简单，场地器材要求不高，易于掌握和推广。打陀螺的技术难度不高，但打陀螺要有高度的准确性和稳定的心理素质，要达到这些目的，必须坚持系统地训练，持之以恒。打陀螺能锻炼身体，促进人体各器官的运动和中枢神经系统的活动，有利于培养良好的意志品质和集体主义精神。

十、射弩

射弩这一民间体育活动，在云南、贵州、海南、湖南、广西等少数民族地区有着悠久的历史。相传，海南苗族的弩和箭是先人由大陆作为作战武器而传入的，称为“药弩”，人或鸟兽中箭，便中毒而死，即所谓“见血封喉”。因弩击发无声，射击精度颇高而又可就地取材自行制作，常用以打猎和射鱼。所以，苗族男子几乎人人都备有弩箭，男童自幼习射，还常常进行比试。湘、黔苗族人民使用的弩一般用岩桑木制作，在海南岛的苗族则以坚韧的“白茶”等木材刨削弯制而成。大弩的弩批（弓）长 1.5 米，弩床（身）长 75 厘米～1 米不等；小弩的弩批长 1 米左右，弩床长 50～70 厘米。弩床上开一箭槽，箭槽以紫荆、青皮等硬木雕削而成。发芽（扳机）用牛羊角制成，弩绳以野兽的筋、皮和上好的青麻搓成。箭杆用细毛杆或山树条修制，粗细与筷子相似，长短一般在 25～35 厘米之间。根据弩的大小而定，多使用铁箭头（呈三角形或圆形），尾翼用竹皮或玉米秆的外皮制成。海南岛上的苗族则多选用一种坚韧的“鸭骨”竹削尖制作，箭尾无羽。大弩的最大射程在 200 米左右，小弩最大射程为 100 米左右。大弩需 80～100 公斤拉力，小弩需 50～70 公斤的拉力才能拉开。苗族的男子从小就开始射弩，一般 10 岁左右练“娃娃弩”可射 10 米的目标。他们托石块，或用绳子捆上砖头等重物吊在手腕上，以增强臂力。他们还瞄准从山上滚下来的圆木轱辘进行移动目标射击，待掌握一定技术后，就参加射野兔、野猪等活动。春节期间和跳花场时，往往要举行射弩比赛，比赛的姿势有立势、跪势两种，比赛时用粑粑和肉片当靶子，谁射中了，粑粑和肉片就归谁，射得粑粑和肉片最多的就是最好的射手，往往还能获得其他奖励。平时，苗族习惯把习射、比试与狩猎、采集生产及消灭害兽结合起来，射弩好手和制作精良弩箭的能工巧匠往往很受人们尊重。射弩不仅在苗族人民中十分盛行，在傈僳族人、苦聪人、黎族人中也都有射弩的传统。明景泰《云南图经书志》记载：傈僳族人“居山林……常带药弓弩、猎取禽兽，其妇人则取草木之根以给日食”。弩弓和箭是傈僳男子的标志，外出时，都肩扛弩弓，腰挂箭包，并且每年农历正月初一至初三，傈僳村寨都要举行射弩比赛，比赛时把两支竹箭交叉插在地上，以在几十米处射中箭叉下的三角形为胜。弩为狩猎、防身工具，亦可作装束和定亲信物，它由弩批、弩床、弩弦组成。射时，横持弩、置箭于弩槽内，将弩弦拉入镶口，扣动扳机，箭即飞出。汉代以后弩有发展，如三国时代诸葛亮改进的“连弩”，“使之能一弩十矢俱发”。《明代武备志》中有“诸葛连弩”的详细图解，与抗战前北京的连珠弩构造相同，只不过连珠弩是发射弹丸的。进入 20 世纪 80 年代，射弩运动在很多少数民族中都得到广泛开展，在 1982 年第二届全国少数民族传统体育运动会上，云南、广西选手表演了精彩的射弩。1986 年 8 月第三届全国少数民族传统体育运动会上被列为竞赛项目。

十一、押加

押加，又称“大象拔河”“藏式拔河”，是在藏族中流行的传统体育活动。

关于押加的起源，藏族地区流行着这样一个故事。据说格萨尔王一次作战后，缴获了大群牦牛，于是他下令百姓每人能拉多少就得多少，这使得许多贫苦牧民有了生计，为了纪念英雄格萨尔王，草原上便兴起了这项传统的体育活动。在川西北地区的藏民中，类似的活动称“犇牛”，而四川甘孜一带的藏族地区也流行着一种称为“格吞”和“牛奔”的活动。前者是以绳的两端，分别套在颈后，两人相对而立，用颈部和腰腿部的力量进行拉扯的一种拔河游戏；后者是把绳的两端挎在肩上，两人侧向对拉。藏族人民非常崇拜有力量的人，不论是“大象拔河”，还是“犇牛”“格吞”等活动都是力量的表现，只是着力的部位不同而已。

新中国成立后，党和国家领导人十分重视这项传统体育活动，从 1953 年天津第一届至 1991 年第四届全国少数民族传统体育运动会上，都把它列为表演项目，深受群众喜爱。1999 年第六届全国少数民族传统体育运动会上，押加被列为竞赛项目。

正式的押加比赛是男子参加，比赛类型分为个人赛和团体赛。个人赛是指运动员只能参加本人体重所属级别的比赛，不能超级，每队参加每级别比赛的运动员不能超过两人。团体赛是指双方各派 4 名运动员采取 5 局 3 胜制进行比赛。在比赛中，双方运动员在规定的场地上，将一条长绸布做成的圆环分别套于颈部（带子从两腿间通过），双手俯身撑地，并背向对方，双腿屈膝蹬地，朝相反方向用力往前牵拉，以一方将系在绳子上的坠条拉过本方河界即为胜利。团体赛的比赛方法与个人赛相同，但需互相协调配合，才能获取胜利。

押加比赛场地、器材简单，比赛形式多样，有单人、双人或多人比赛。在各大、中、小学校，这项活动很受学生喜爱，他们利用课外活动时间、休息时间进行押加活动，有时还组织各种规模的比赛。经常参加这项体育活动，既能提高力量、耐力、平衡等身体素质，又能培养顽强拼搏的精神。

十二、龙舟

龙舟竞渡，又叫赛龙舟、划龙船，它是我国一项独具风格、别有情趣的民族传统体育活动。这一活动在我国南方开展得十分广泛，江苏、浙江、福建、湖南、湖北、四川、云南、贵州、广东、广西等地都盛行，有广泛的群众基础，深受我国各族人民的喜爱。

新中国成立以后，赛龙舟这一具有民族特色的民间体育活动得到发展，1953 年 11 月第一届全国民族形式体育表演及竞赛大会上，赛龙舟作为表演项目，深受全国人民的喜爱，1991 年第四届全国少数民族传统体育运动会把赛龙舟定为正式比赛项目。现在世界上越来越多的国家和地区也开展了此项运动，特别在东南亚一带比较盛行，已经成为国际性的比赛项目。

龙舟竞渡作为民族传统体育活动，在民间也很盛行，如汉族的赛龙舟，在每年的“端午节”举行，船的长度为 20～30 米，每艘龙船上约坐 30 名水手。

傣族的赛龙舟于每年傣历六七月（清明节前后 10 日左右）的“泼水节”举行。据云南、广西出土的铜鼓上龙舟竞渡船纹及傣族的记载推定，这项活动至今已有 2000 年的历史。傣族龙舟与内地龙舟有很大的差异，它是用木头制成，长约 40 米，宽 1 米，两头尖尖地翘起，每船 50 人，分两排坐定，4 名舵手和 4 名引道手。比赛时，由一人敲锣指挥，赛手们按鼓声节奏划桨前进，你追我赶，两岸群众不断发出加油声，船上和岸边一片欢腾，龙船便在欢呼声和加油声中冲向终点。傣族赛龙舟以前均为男运动员参加，自 1974 年的泼水节起，妇女便开始参加赛龙舟。1961 年在“西双版纳泼水节”上，周恩来总理亲自为龙舟比赛的胜利者颁奖。

苗族的赛龙舟于每年农历五月二十四至二十七日的“龙舟节”举行，此项运动历史悠久，清乾隆徐家干著的《苗疆闻见录稿》中记载：“苗民好斗龙舟，岁以五月二十日为端节，竞渡于清水江之处，龙舟身长七丈，宽三尺，由三枝笔直粗大的杉树挖成槽形捆绑而成的三只独木船，中间较长的称母船，两侧的为子船，龙头龙须都由一根七尺长的水柳木雕刻而成，上涂金、银、红各色，每只船约有 30 名水手，一名长者任敲夫，一名男扮女装的儿童任锣手，比赛时，炮三声响后，数条龙舟在浪上疾行，并按鼓点划桨前进，两岸群众欢呼助威，场面壮观。”

龙舟运动具有浓厚的娱乐性和激烈的竞争性，经常参加此项活动，有利于身心健康，能有效地促进心肺功能和代谢机能的改善，同时，还能培养团结协作的精神，增强集体凝聚力，加强各族人民之间的交流，促进民族团结。

十三、秋千

秋千是我国古代妇女儿童喜爱的一项传统游戏，主要在朝鲜族、高山族、白族、纳西族等民族中流行，其起源有几种不同的说法。第一种说法是源于西域，明人王圻的《三才图绘》中记载：“百戏起于秦汉，有弄瓯、吞箭、走火、缘杆、秋千、高翘等类，不可枚举。”第二种说法是源于北方山戎之戏，据清人翟灏的《通俗编》卷三十一引《古今艺术图》说：“春秋时代，齐桓公北伐山戎，看到少数民族中，有人踩在用两根绳子吊在半空中的板子上，晃来晃去，显得十分轻捷矫健，于是就把这种游戏带回了齐国。”第三种说法认为起源于汉武帝时代，据唐代文人高无际在《汉武帝后庭秋千赋》中说：“秋千者，千秋也，汉武帝祈千秋之寿，故后宫多秋千之乐。”也就是说秋千为汉武帝宫中游戏，本为“千秋”，取千秋万寿的祝词，后来才倒读为秋千。秋千在南北朝时传入南方，并已形成习俗。到了唐代，秋千活动更为普及，宫廷和民间都开展得相当广泛，每逢寒食、清明、端午等节日，皇宫中都要竖立起秋千架，令嫔妃宫女们尽情玩乐。宫女们身着彩衣绣裙，登上秋千，上下凌空，体态优美，宛若仙女从天上飘飘而降，唐玄宗看得高兴，因而给秋千起了一个颇为贴切的雅号——“半仙之戏”，于是秋千游戏风靡一时。唐代诗人看到秋千的盛况后，信手写下了对秋千的感受，如王维在《寒食城东即事》里有“秋千竞出垂杨里”的诗句；杜甫在《清明二首》中写道“万里秋千习俗同”；王建的《秋千词》中有“身轻裙薄易生力，双手向空如鸟翼，回园若与高故挤，头上宝钗从堕地”，描绘了在荡秋千时争强好胜，顾不得头上首饰飘飘落地的情景；刘禹锡的《同乐天和微之深春》一诗中，也有“秋千争次第，牵拽彩绳斜”的描写，刻画出少女们荡秋千时的场面。到了宋代，出现了水上秋千，谓之百戏之一，“一人上蹴秋千，将平架、筋斗掷身入水”（《东京梦华录·梦粱录》），它与今天的跳水颇相类似。当时，女子秋千活动很流行，盛极一时的宋词就集中反映了女子参加秋千活动的情景，并且皆有描述。明朝的秋千活动也很盛行，万历年间太监刘若愚的《酌中志》中写道：“清明秋千节也，戴柳枝于鬓，坤宁后宫及各宫皆秋千一架。”明代开先著的《闲居集》中也曾有诗记载，直到清朝，荡秋千的活动仍很盛行。

新中国成立后，荡秋千成了一种群众性的娱乐体育活动，得到了迅速发展，并且还列为全国少数民族传统体育运动会上的表演和比赛项目。随着秋千比赛规则的制定和不断修改完善，竞赛更加趋向于技术、技巧和力量的较量，具有很强的竞争性和观赏性，深受广大人民群众的青睐。1986 年第三届全国少数民族传统体育运动会上首次把秋千作为正式比赛项目。

荡秋千的种类很多，各民族都有自己独特的表演形式和比赛方法。如朝鲜族已把荡秋千活动作为传统的游艺项目之一，每逢四月初八至五月端午，朝鲜族女子便集结在百花深处的开阔地里，选择一棵大柳树，在树枝上悬挂长长的秋千绳。按其传统方式进行的女子比赛，分为单人荡和双人荡两种。评比方法有的以树梢或对面支架悬挂树叶、小花作为目标，看谁荡时踢到目标；有的在高处挂一个铜铃铛，看谁能碰响它；或在秋千的蹬板下挂一条标有尺寸的长绳，用来测量荡起的高度。中国台湾高山族也普遍喜爱荡秋千这种娱乐活动，每逢喜庆，都要举行“秋千赛”，比赛荡的姿势、荡的高度和荡到最高点时翻转的次数。纳西族在春节期间也有荡秋千的活动，秋千场上人来人往，络绎不绝，单荡、双荡交替频繁，比赛以时间的长短和荡绳高低进行评分，热闹非凡，场面壮观。白族每逢春天，各村寨都要进行为期一周的“秋千会”，把美好的祝愿寓意在荡秋千活动中，如说“打一回秋千，平安三百六十五天”等等。

荡秋千运动发展到现在，形式多样，其基本方法是用两手攀持秋千，腿部协调用力蹬摆，使秋千随着蹬摆的惯性来增高或触碰铜铃。按照民族传统的习惯，正式比赛只设女子项目，分单人赛（分为单人触铃和单人高度）、双人赛（分为双人触铃和双人高度）和团体赛 3 种。比赛项目有高度比赛和触铃比赛，其中高度比赛是以荡秋千的高低判定胜负，计量高度的方法是杆上系高度线，在规定的时间内，碰线次数多者为胜者；触铃比赛是将铃杆的铜铃固定在一定的高度，在规定的时间内，以运动员连续触铃的次数计算成绩，判定胜负。

荡秋千运动具有一定的惊险性，经常参加此项运动能锻炼运动员勇敢顽强的意志品质，发展腿力、臂力与握力，使身体迅速适应各种不同位置的变化，从而提高人体的协调能力，达到锻炼身体的目的。

十四、马术

马术是我国西北地区哈萨克、柯尔克孜、乌兹别克、维吾尔、塔吉克、蒙古和锡伯等少数民族牧民所喜爱的传统体育活动。每逢隆重的节日，各族人民都要举行各种各样的马术比赛。1953 年在天津举行的全国民族形式体育表演及竞赛大会上，就进行了骑术（各种马上技巧表演等 9 个项目）表演，给观众留下了深刻的印象。1986 年在乌鲁木齐市举行的第三届全国少数民族体育运动会上马术被列为正式比赛项目。

马术比赛形式多样，种类繁多。比赛分为竞赛项目和表演项目两类。竞赛项目包括速度赛马、走马、跑马射击、跑马射箭和跑马拾哈达 5 个小项目；表演项目包括刁羊、姑娘追、马上摔跤、马上比武、马上射击和马上对刺等，这些项目均有特定的竞赛方法和特定的基本技术，这里就不作逐一介绍了。

十五、表演项目

（一）表演项目的意义和特点

少数民族传统体育是少数民族优秀传统文化的结晶，是各少数民族在长期的生产劳动和社会实践中逐步形成和发展起来的。它不仅有着悠久的历史，而且具有鲜明的特色、丰富的内容和多样的形式，深受各族人民的喜爱。在少数民族传统体育运动会上，这些体育活动被分为竞赛项目和表演项目两大类。我们把少数民族传统体育中那些常伴有音乐、鼓点和歌舞，集健身性、娱乐性、观赏性和民族性于一体的体育表演活动称为表演项目。

1．表演项目的意义

（1）有利于民族民间传统体育项目的发展，为社会主义体育事业服务

少数民族传统体育历史悠久，特色鲜明，内容丰富多彩，形式多种多样，千百年来一直受到各族人民的喜爱，继承和发展这一传统文化可以通过民族传统体育表演这种形式，不断继承和弘扬民族民间优秀传统体育项目，更好地为社会主义体育事业服务。

（2）有利于全民健身在民族地区的开展，增强民族体质

发展民族体育的基本任务是全民健身。民族传统体育表演是各民族在长期的社会历史进程中形成的具有民族特色的体育活动。这些项目在多民族中广为流传，乐于被广大群众所接受。全民健身在民族地区的开展就必须以此为依托，将带有强烈民族气息的以及具有健身、娱乐的项目推广到民族群众中去。这将有利于增强民族体质，增进全民族健康。

（3）有利于加强民族团结、振奋民族精神

民族平等、民族团结是一个国家社会稳定、经济发展的基础。少数民族传统体育表演是许多民族节日活动的主要内容，因此，在少数民族传统体育运动会上举办民族传统体育表演，各族人民欢聚在一起，既尊重少数民族传统习俗，又促进民族团结，有利于增强民族自信心、

自豪感，有利于各民族互相了解、互相学习、增进友谊。

2. 表演项目的特点

（1）健身性和娱乐性

由于表演项目常常是在伴随音乐和歌舞的情况下所进行的体育表演活动，所以会使参与者和观赏者得以愉悦身心、陶冶性情、调节情绪，满足精神文化需要。经常参加这些体育表演活动，不仅可以促进参与者的运动器官正常发育，还可以提高心肺功能、代谢功能以及神经系统功能，更能使身体的灵活性、协调性得到很好的锻炼。在健身的同时，还能健心。因为表演项目是由众多载歌载舞、节奏明快、活泼风趣的体育表演活动或游戏演变而来的，带有浓郁的民族色彩和欢快气氛，寓娱乐于活动当中，它既能调节感情，陶冶情操，又能增强体质，使人终身受益。在历届全国少数民族传统体育运动会上，以健身性、娱乐性见长的表演项目仍大大多于竞赛项目。例如，黎族的“跳竹竿”、佤族的“鸡纵陀螺”、德昂族的“篾弹弓”、高山族的“竿球”、苗族的“吹枪”等，都是融娱乐性、健身性、趣味性、观赏性为一体的表演项目。

（2）高度的艺术性

有很多表演项目都和文艺结合在一起，常在音乐伴奏下载歌载舞。由于有了音乐和歌舞的伴奏，加上流畅的编排和表演者高超的技术，使得表演项目具有高度的艺术性。例如，彝族的“阿细跳月”是在且歌且舞中进行的，苗族的“跳芦笙”是将歌舞、音乐和运动技巧紧密结合的，维吾尔族的“达瓦孜”是在鼓乐声的伴奏下完成的，而壮族、布依族的“抛绣球”“甩糠包”也都是从对歌的形式开始的。

（3）广泛的群众性

少数民族传统体育表演项目普遍具有健身、娱乐与趣味性的游戏特点。它不仅具有愉悦身心、增进交流，增进友谊等社会性功能，且种类多样、风格各异，有较大的选择余地，也不受年龄、性别、体质条件的限制，人们可以根据自身年龄特点、身体状况和爱好，选择适合自己的项目进行锻炼。此外，场地、器材简便易行。山坡、河流、场院、沙滩、草地等都可成为表演场所，所需器械用品大多是生产、生活用具和可就地取材自制而成的，不需花费很多的财力和物力。所以说，这些运动具有广泛深厚的群众基础，容易被人接受和喜爱，易于在群众中普及和推广。

（4）民族性

表演项目源于各少数民族的生产、生活的民族民间传统体育项目或健身方法，它与本民族的生产劳动、民间艺术、科学文化、道德风尚、风土人情，乃至除暴安良、保家卫国紧密结合。它内容丰富、形式多样，充分体现了各少数民族独具特色的民族传统文化。少数民族传统体育表演项目，大都安排在业余时间进行，欢庆丰收、欢度佳节、祝贺新婚、闲暇消遣，将体育寓于娱乐之中，表演各种动作，伴以歌舞，具有浓郁的民族特色和欢快气氛。

（二）表演项目的分类

根据选择内容的不同可将表演项目分为 4 类，即竞技类、技巧类、综合类和民族健身操类。

1. 竞技类

竞技类是可用丈量、计时、计分、计环、计数的方法决出胜负的一类项目。其体育特征明显，对抗性强，规则完善，容易推广。例如，吹枪运动、磨担秋、扳手劲。

（1）吹枪运动

吹枪是云南省文山壮族苗族自治州麻栗坡县苗族同胞最喜爱的一项民族传统体育运动，至今已有300多年的历史。吹枪是苗族同胞在生活中为防止鸟害侵袭、保护庄稼、自我防身及生存需要而制造出来的，由于有很大的实用价值，它逐步发展，一直伴随着苗族人民劳动文化生活历史进程而沿袭下来，今天仍深受苗族人民的喜爱。青少年生产劳动和放牧人都随身带上一支吹枪，既是一种防身武器，又可消除害鸟、保卫生产，还可锻炼身体，活跃文化生活。

（2）磨担秋

磨担秋是彝族喜爱的一项传统体育项目，是彝族儿女的竞技场，并已发展成为竞技性的民族传统体育项目。在彝族聚居的村寨，每逢节庆都要举行磨担秋比赛。比赛分为男、女双打、男女混合双打和团体赛。参加磨担秋竞赛不仅要有强健的身体，还要有一定技巧和柔韧性，才能完成看似容易的腾空旋转。根据该项目的竞赛规则，除团体操比赛时间为3分钟外，其他各项比赛时间均为1分钟。要求选手在规定的区域内上杆和换人，在规定时间内，旋转圈数多的队获胜。

（3）扳手劲

扳手劲，又称扳腕子，是一种简单易行的角力游戏，在各民族中盛行。扳手劲是两人用手掌心相握的形式用力扳，以扳倒对方的手腕为胜，还可以手腕交叉，看谁能把对方压下去。这种游戏不仅是比试腕力，更主要是比试臂力，经常进行这种竞技，既能锻炼身体，又可增进友谊。扳手劲现已成为各族人民男女老少都十分喜爱的具有民族特色的体育运动。

2. 技巧类

该类项目表演有难度，动作稳定、连贯、准确、熟练、协调、灵巧且有很强观赏性和健身价值。例如上刀山下火海、马上技巧和芦笙舞。

（1）上刀山下火海

上刀山下火海是苗族人民在盛大节日中表演的传统体育项目。刀梯高10余米，36把刀依木桩从下至上按隔横插，刀刃朝上，刀刃锋利可割断毛发。表演者需赤脚拾梯踏刀刃而上，在手脚攀刀梯时，表演者做雄鹰展翅、猿猴倒挂、犀牛望月等高难度动作。表演者具有深厚的功力，刀再锋利也伤及不到皮肉。上到36梯时，吹响牛角庆贺成功。上刀山后，接着表演下火海。表演者赤脚踩跳在烧得透红的铧铁上，一阵火苗后，表演者的脚掌无被火烧的痕迹。该项目充分表现了苗族人民不畏艰险，刀山敢上、火海敢闯的英勇气概。

（2）马上技巧

内蒙古的少数民族地区，有广阔的草原和牧场，为开展马术运动提供了天然的条件。广大牧民在日常生活与生产劳动中均离不开骑马，形成了善于骑马、热爱马术运动的优良传统。

马上技巧运动是马术运动中的一项技术和技巧性比较强的运动项目，它不但要求运动员有良好的乘马技术，而且要在时速50～60千米高速奔驰的马背上能够准确优美地完成各种动作。因此，要求运动员不仅要有熟练的骑术和一定的体操基础，还要很好地调教好所骑乘的马匹，做到人马协调配合。马上技巧运动种类繁多，内容丰富，而且不断发展。至今，马术表演项目有：马上体操（停止间）、马卧倒、单人单马、双人单马、双人双马、单人双马、三人双马、多人多马、马上篮球、马球等。

（3）芦笙舞

芦笙舞是贵州苗族人民喜爱的一项传统活动，也称滚山珠，苗语叫“指罗朵”，意为滚动的珠子。表演由6人或8人进行，每人手捧芦笙，边奏边跳。通过跳跃、蹲旋、叠、踹等一系列动作，表现苗族先民在迁徙中逢山开路、遇水搭桥，在艰难的长途跋涉中，战胜重重困难，终于到达贵州黑羊大箐的史实。表演热烈奔放，潇洒大方，融舞蹈、技巧、曲调为一体，是贵州富有特色的民族传统体育项目。

3. 综合类

包括民族体育舞蹈和集体武术。它们动作优美、连贯、准确、协调、熟练、整齐，观赏性强，所配音乐流畅，与动作和谐一致。

（1）民族体育舞蹈（例如：木鼓舞）

木鼓舞是流传在西南苗族人、彝族人和佤族人中以敲击木鼓起舞祭祀的民间舞蹈。其鼓型多截取自然生长的树木躯干，凿空内部成型。一般木鼓舞为族群全体参与的大型祭祀活动中的一部分，木鼓被作为族群的象征，以敲木鼓、跳木鼓为核心的祭祀活动充满着强烈的祖先崇拜、自然崇拜的寓意，具有鲜明的原始文化的特征。

①反排木鼓舞

反排木鼓舞，发源于贵州苗族木鼓舞，主要分布于黔东南台江县各苗族村寨。舞蹈从木鼓的制作到鼓点敲击、舞蹈动作都特别讲究：反排木鼓的制作细而长，长度约1米；全身运动以胯为动力点，甩同边手；头、手、脚开合度大，整个舞蹈动作模仿虫、鸟、鱼、兽、禽的动作，变化时动作粗犷豪迈、矫健敏捷、灵巧活泼。

反排木鼓舞敲出的鼓点急时如雷鸣，缓时如滴水；而施洞、革东地区敲出的鼓点自始至终急如炒豆，响如溪流。反排木鼓舞舞蹈时，动作特点是踏2/4拍，其头、肩、腰、臀各部位的动律均稳定在一节拍时空中统一进行，和谐统一。

反排木鼓舞主要有高斗（斑鸠）舞、高斗大（斑鸠合翅）舞、扎夏（五祖宗）舞、扎夏（打猎）舞等5个章节。这5个章节分别表现苗族祖先从东方迁徙来时昼夜兼程、跋山涉水、披荆斩棘、打猎御敌、开垦田土、共祭祖先的情景，显示了族人相亲相爱、团结互助、不忘历史的精神风貌。舞蹈时不分男女老少围着木鼓或一圈或多圈轮回转舞，并有部分人边歌边舞，以此助兴。

反排木鼓舞以其独具的艺术魅力，从苗岭高山跳到全国各大中城市，跳出了国门，从1954年至今多次代表中国少数民族到国外参加民族民间艺术节，被西方记者誉为“东方迪斯科”，1991年国庆代表苗族进京中南海献艺，受江泽民、李鹏、乔石、杨尚昆、李瑞环等党和国家领导人接见，并共庆共舞，2001年参加中国木鼓舞大赛获一等奖，展现了贵州黔东南苗族木鼓舞主要特征及其文化内涵的魅力。

②沧源佤族木鼓舞

沧源佤族木鼓舞分布在云南省临沧市沧源佤族自治县的岩帅、单甲、糯良、勐来、勐角、班洪等乡镇。佤山村村寨寨都有自己的木鼓歌场，现沧源县有大、中、小型木鼓700多只，90%的人能跳木鼓舞、唱木鼓歌。

沧源佤族木鼓舞由拉木鼓、进木鼓房、敲木鼓、祭木鼓4部分组成。每逢年节庆典，佤族男女老少都会穿戴一新，在木鼓的敲击下围绕着木鼓房，携手成圈蹁跹起舞。他们以屈膝、弓腰表示对木鼓的敬仰，不分男女老少一律按逆时针方向围圈缓慢移动，动作以甩手、走步和跺脚为主。第一拍右脚向右斜前方上一步，双手曲肘举至头斜上方，身体后仰；第二拍左脚跟踏一步，双手甩至身后斜下方，身躯前倾。如此循环反复，动作规范而平稳。木鼓舞贯穿于木鼓祭祀活动的全过程，舞蹈以敲打木鼓者的领唱与众人踏节而歌为伴奏，歌词多述说民族历史、祭祀和劳动生产及生活等方面的内容。跳木鼓舞时鼓声震天，舞者秀发飞扬，动作粗犷奔放、炽热狂野，表现出佤族人民勤劳勇敢的性格特征。目前沧源佤族木鼓舞中已形成“高格龙勐”“甩发舞”“加林赛”等影响较大的代表作品。

木鼓是佤族传说中的通天神器，被视为民族繁衍之源头，是佤族的历史文化象征。木鼓舞集中体现了佤族民间歌舞、文学、艺术及宗教信仰的成就及特色，不仅有较高的艺术价值，在艺术学、民族学、民俗学、宗教学等方面也具有一定的研究价值。木鼓舞是佤族民间歌舞的集大成者，是佤族文化最直观生动的体现，一直为广大佤族民众所喜爱，为其民族精神的凝聚起到了不可替代的作用。

（2）集体武术（例如：集体拳）

比赛为 8～30 人。集体拳表演气势磅礴，舒展大方。集体拳拳法密集、腿法多变、势势连贯、布局均称、变化有序。集体拳还可根据需要在室内不同场地进行不同内容形式的表演，每一招一式都使我们领略到中华武术的博大精深和独特魅力。

4．民族健身操类

民族健身操类包括民族健身操和韵律操，有明显的民族特点，动作优美、连贯、准确、协调、熟练、整齐，所配音乐流畅，与动作和谐一致，具有较强观赏性。

例如傣族健身操，是根据浓郁的傣族风情和傣族歌舞的节律改编而成的。傣族健身操充分运用缩腰、摆胯、提肩、转体以及跳跃等舒展优美的舞蹈动作，有效活动全身骨络肌肉，达到全身锻炼的目的。傣族健身操既突出了体育健身的特点，又充分展示了傣族传统文化的丰富内涵和傣族人民蓬勃向上的精神风貌。由于傣族健身操跳起来轻松洒脱、情趣盎然，别具傣族风情，深受人们的喜爱和欢迎。如今傣族健身操已成为全民健身活动的内容之一，并逐渐推广开来。

十六、民族传统健身项目

1．仡佬族高台舞狮

高台是用 5～12 张方桌垒叠而成。叠法一般有两种：一种为上下一样的大在一张桌子上叠上去的“一炷香”式，一种为下大上小的“宝塔形”。高台舞狮常于春节期间在乡间流动表演。少由 4 人即可交替表演，多则可由十五六人双套人马甚至加入扮的小猴子、小狮子同时表演。其表演按位置分平台（即在地上放置一至数张桌子）和高台；按角色出场多少，分全盘表演、小头子表演和大头子表演。通常是小头子表演在前，大头子表演在后，以高台动作为主。小头子表演以立“桩儿”（即倒立）为主要特色，大头子以攀顶踩斗为其高潮。

狮子上高台有多种上法，有直上、穿上、穿螺等。舞狮人要不停地摇动狮头狮尾，登顶小憩之后，便是一场长啸，再昂首睁眼极目，展望四周，在倒置的桌内一番文武表演之后，二人登上四条桌脚，边舞边转且要做出抖、舔毛、舔脚、搔痒、踢脚等高难动作，这套动作称为“踩斗”。

2．上刀梯

上刀梯，是松桃苗族自治县群众在盛大节日中表演的传统体育项目。

刀梯，高10余米。刀，36把，依着木柱从下至上依次间隔横插，刀刃向上。表演时，由表演者在刀梯上作雄鹰展翅、猿猴倒挂、犀牛望月等高难度动作，表演者不伤半点皮肉。上刀梯之后，接着表演下火海，即由表演者赤脚踩在烧得透红的铧口上。

贵州苗族刀梯队还先后到北京、广州、中国香港以及泰国、新加坡、美国等国家和地区表演。

3．独竹舟

独竹舟，意即一人一竹，踩在竹上水面划行。这是赤水市的苗族同胞独具特色的体育表演项目。

散居赤水河两岸的苗族同胞，长期与竹打交道。在筏竹排的过程中，苗族群众练就了独竹漂的独特技艺。竹排只能顺流而下，而独竹舟却可逆流划行。由于独竹漂需要高超的平衡技艺和强健的身体素质，这项技艺逐渐成为放筏人逞强争雄、展示风采的绝技。独竹舟的高手以楠竹为舟，在水势平缓的水域顺漂、逆漂、横漂，甚至可以身挎枪支，射击猎物。技艺精湛者，还可以在怪石嶙峋的狂涛急浪的溪流中穿行自如。

每年的农历五月初五，赤水河两岸的苗族同胞，常各自划着一棵棵大楠竹，漂到沿江城镇，与汉族兄弟一起参加一年一度的龙舟节。独竹漂表演赛，分横渡和顺流漂两种。横渡时，似利箭齐发，射向彼岸，以先触岸者为胜；顺流漂时，每隔半分钟发一队选手，其时满江飞人，水上穿行，场面蔚为壮观，以到达终点时间计算排名次。

4．跳铜鼓

以击铜鼓而起舞的水族铜鼓舞，水族语叫“丢压”，意即跳铜鼓。

铜鼓舞是一种古老的巫师舞，以后逐渐成为水族民间传统的体育活动项目。

水族铜鼓舞为男子集体群舞。舞者人数不限，但必须是偶数。表演时，广场中央设置铜鼓一个，悬于木架上，皮鼓一个，支木为架。演奏时击铜鼓者俯身朝鼓面，右手执木槌按鼓谱点击铜鼓中心太阳纹，左手持竹鞭击打鼓腰作伴奏。另一个手持嗡桶（木桶）者，站在铜鼓的背后，按鼓点起落，来回将嗡桶向鼓腹中抽动，以调节共鸣声的大小。数鼓手则面对皮鼓按铜鼓点的节奏时急时缓，或双棒齐击，或单棒点奏，或交换轮替双手击鼓并做出各种复杂的翻、跳、转、跃技巧动作。水族铜鼓舞奏鼓点有13种，每种鼓点均有自己原有的曲牌名称，如“迎客”“喜庆”“送客”等。舞者以铜鼓为圆心，围圈而站，做着骑蹲裆式，屈肘招臂，五指叉平，掌心向前的基本姿态起舞，动作名称有大字蹲、大字冲、大字冲穿转等。动作刚劲雄健，粗犷英武，生动地体现出水族人民勤劳、勇敢、朴实、剽悍的民族性格。

5．打猎舞

打猎舞，是黔南瑶族青年喜爱的体育活动，一般由10名青年小伙子参加，他们双手握着一根长约2米的木棍，身穿猎装，围成一圈，有节奏地跳跃，棍子也有节奏地敲击地面，表现包围和追赶野兽的情景。以后随着情节的变化，跳跃的步子、节奏和棍子敲击的点子也跟着变化。跳到高潮处，小伙子们齐声叫着“哩——嘿！”的号子，棍子中也敲击地面发出整齐而节奏明快的响声。

6．舞铃铛

舞铃铛是彝族群众纪念祖先的传统活动之一。每年农历六月二十四日的“割火草”节，都要跳舞铃铛。

表演舞铃铛，一般需6～12人，每只手握5只用彩绸扎在一起的大铜铃，脚踝上各挂一串小铃铛。边跳边舞，铃声悦耳。舞至高潮时，二人一组叠起“罗汉”，时而挂舞铃于腰，时而摇铃翻背，难度大，造型美，颇受群众喜爱。

7．跳木鼓

台江县巫脚乡方白村，是苗族木鼓的发源地。传说古代有一对夫妇为躲避战祸逃入森林之中，养育了一儿一女，男名勇邪，女名仰妮。一天，兄妹在田间劳动，仰妮听到啄木鸟的“笃笃”声，就按其节奏跳动起来，勇邪也随之舞蹈起来。木鼓舞一直流传至今。

木鼓用250厘米长、55厘米粗的整棵楠木挖空，两头钉一生牛皮制成。

跳木鼓的运动量很大，表演者手脚放开，五体皆动。甩同边手，踏2/4拍，动作古朴粗犷，洒脱奔放，层次分明，尤以头、手、脚的开合度大，摆动幅度大。随着鼓点、音律的不同，舞姿也各有差异。表演的内容依次为“略古陶”（意为“起脚鼓”）、“古陶大”（即“划地归己”）、“略渣厦”“渣夏露”和“虾蒂福”（即“庆丰收”）5个章节，主要表现苗族祖先迁徙、定居、开荒、播种、收获的情景，与生产劳动紧密相连。1954年，苗族青年唐开学、张文显等赴京表演木鼓舞。跳木鼓在全国和省的少数民族传统体育运动会上多次获奖。

8．斗角舞

水族斗角舞，流传于三都水族自治县的都江区、中和区一带。牛头用竹篾扎成，牛角用木做成，两人扮演两头牛相斗。

斗角舞表演时，有5人吹芦笙，5人吹芒筒，4个头扎3根鸡毛、腰系鸡毛裙的姑娘伴舞（为男扮女装）。两牛相斗，并表演抖身、磨角、跳跃、激战等动作。伴奏、伴舞的人边吹边跳，动作幅度大。

9．踩鼓舞

苗族踩鼓舞，是镇远县舞阳河畔金堡乡爱河村苗族人民喜爱的传统体育项目。

踩鼓舞，一般在寨旁平坦宽阔的“芦笙堂”举行，由小伙子打鼓，吹芦笙，姑娘头戴帽或银饰，身穿雕花绣凤的花裙，踩着“呼！打打”的鼓点，围着大鼓跳舞，对歌。

踩鼓舞表演时，可由1人打鼓，18人表演，有丰收舞、团结舞两部分。丰收舞用形体动作模仿播种、插秧、收割、运粮等一系列生产过程。团结舞以集体动作表现苗家儿女团结幸福的欢乐景象。

踩鼓舞运动强度大，舞唱结合，动作优美。1954年，爱河村田茂云、潘世妹等4位苗族姑娘曾上北京表演了踩鼓舞。

10．海马舞

彝族跳海马舞，多在彝族老人世去后进行悼念活动时举行。彝族青年执着纸人纸马，在老人灵前，翩翩起舞，像玩龙灯舞狮子一样，其动作互相追逐，互相踢打，互相撞击，互相卧骑，互相背驮。

11．跳芦笙

芦笙是苗族人民的一种古老乐器。芦笙的曲调有80余首，动作有120余种，以蹲、跳、走为基本步伐，有“滚布”“织布”“斗鸡”“顶碗”“踢坡杆”“上三角桩”等10余种跳法。

表演者边吹芦笙边跳舞，把体育、音乐、舞蹈和杂技融为一体。每逢农历“吃新节”、过“苗年”等传统节日，苗族人民汇集村头院坝吹响芦笙，跳起芦笙舞。

12．滚芦笙唢呐

滚芦笙唢呐，是苗族人民跳芦笙的一个技巧项目。在一条直线上放3支点燃的蜡烛和3个盛满水的碗，烛和碗之间距离约50厘米，两人吹着芦笙或唢呐，从两头位置由外向里开始向中间翻滚，两人到达中间位置后，再做侧向滚动。在滚动时，芦笙、唢呐声不断，音不变，烛不灭，水不洒。

13．巧喝酒

先在一根长凳上放两碗酒，表演者吹着芦笙，慢慢地从凳子下面匍匐过凳，然后头伸上凳，边吹笙，边喝酒，酒喝干而芦笙声不断，故称为“巧喝酒”。这个项目难度大，技巧性强，苗族人民十分喜爱。

14．打磨秋

晴隆、贞丰、兴义、平坝、毕节、大方等地的布依族、仡佬族人民喜爱打磨秋活动。

磨秋的制作简单，用一根质地坚硬、约1米多长的木头栽在地上，顶端削尖轴心，架上一根3米长的横杆，两边的距离相等，可以升降转动。玩耍的人匍匐或骑坐在横杆的两端，轮流用力蹬地，即可上下起伏旋转起来。打磨秋活动老少皆宜。（如图4-7所示）

15．荡秋千

彝族过彝年，荡秋千是必不可少的项目。用一圆木横架于两棵树叉之间，拴上粗绳（藤条或麻绳），安上踏板，即可荡秋千。荡秋千的动作是：一人（有时是两人对面）站在踏板，两手紧握粗绳，双脚用力向前蹬，使踏板向前或向后摆动（双手同时使力配合两脚把踏板推向前或后）。在活动过程中，用的力越大，则踏板前后摆动的频率就越快，摆幅就越大。

仡佬族秋千用4棵三四米长的直木，每两棵顶上部交叉缚住，再用一棵稍短的直木缚其腰部成三角脚，立地于两侧，上架横梁，系草绳置板而成，当地人称“高秋”或“架秋”。有的相邻两树杈上架横木系绳置板的秋千，当地人称其为“吊秋”，也有的叫“绳秋”。

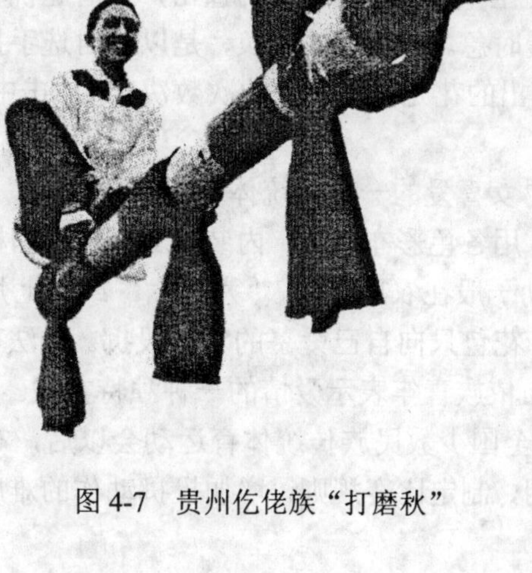

图4-7 贵州仡佬族“打磨秋”

16．打鸡毛

彝族打鸡毛活动在每年的春节期间“六月六”举行。这一活动不分男女，也不受年龄限制，人人都可参加。用一长约 2 厘米、一端有节的小竹筒做成毽子，打的拍子是用质地较轻的木板制成，比乒乓球拍略大，场地一般长宽 5～6 米。场中画一条界限，对打的双方各站一边，谁接不到或拍不过中线就输。有两人对打或四人对打多种。

17．打抛

“打抛”是毕节地区各族青少年喜爱的一项传统体育活动，用少许棉花或柔软的材料做芯，外用毛线、棉纱一圈一圈地紧缠至直径 3～4 厘米后捆牢，使之成球形。

场地大小无规定，一般可在地面平整的院坝、晒坝、打谷场上进行。比赛分“平抛”“跪抛”“吊抛”“转抛”“盖抛”“跨抛”。可分个人，也可以二人或三人以上的相同人数组队比赛。

18．打手毽

打手毽活动在黔南苗族、水族地区十分盛行。每年农历正月间，手拿花毽的苗族、水族姑娘小伙子们，成群结队聚集在场坝上，对抛对打，边打边歌。

手毽用稻草和布条裹上一枚铜板，再扎成球状，插上数羽雄鸡毛，用彩色绒线扎成小花朵，捆在鸡羽上。打毽时，男女双方相对而立，姑娘向小伙子抛出花毽，对方立即拍回，互相推来打去，不使花毽落地。二人一边打毽，一边细语，还可对歌。

19．踢毽子

仡佬族喜欢踢毽子。毽子用棕树叶子折编成一个四边有孔的基座，基座有孔具有弹性，再在基座上捆一个小竹筒，筒中插上三支剪有对称锯齿形缺口的鸡毛。打毽子时，可用手打，也可用脚踢。一人和两人可踢，也可多人分组对踢。上场后各自打个地盘，间隔 1～2 米，将毽子用手抛或脚踢向空中，在毽子未落以前，将毽子用手打或用脚踢到他人位子的上空。若毽子在谁的身旁直落下地，这人就为输。

20．玩花龙

花龙，是用柔韧的竹篾精编而成的圆球，里面装着碎瓷片和几枚铜钱。仡佬族青年男女玩花龙的方式非常灵活自由，一般以两人为一组，相距 10～15 米对面而站，相互对掷花龙，花龙里面的铜钱和碎瓷片在空中发出“铮铮”的撞击声，清脆悦耳，随着对掷的快慢，花龙发出的响声时轻时重、时缓时急。玩花龙的胜负，是以每对选手掷球（即花龙）的次数和接球的成功率，或是看个人掷出的花龙击中对方的次数决定的，击中对方多者为胜，反之为负。

21．丢花包

丢花包是布依族青年男女喜爱的一项传统体育活动。

花包为枕形或鹅蛋形，用各色彩布制成，内装小豆、米糠和棉花籽，花包上连有一条一尺多长的彩绳。丢花包活动一般在农历正月、“六月六”或“七月半”开展。开始时，是男女双方随意抛玩，渐渐地，花包只向自己爱慕的对象投掷。技法有左、右过顶掷。规定花包过肩可以不接。丢花包是布依族青年表示爱情的一种独特方式。

1982 年举办的第二届全国少数民族传统体育运动会以后，布依族人民对这面活动做了改进：在场地中央安置球网，制定比赛规则，增加投掷动作的难度，使这项活动带上竞技体育的色彩。

22. 投绣球

壮族每适春节和“三月三”“四月八”都进行这项活动。绣球以绸缎制成，直径为 7 厘米左右，内盛粮食或沙子，重 150 克，底部缝有数 10 根约 10 厘米长的穗带，球顶部连接一根 0.6 米长的飘带。比赛时，在空地上竖一根约 10 米的木杆，杆顶钉一块约 1 米见方的木板，板中央挖一直径约 10 厘米的圆孔，在孔的两端贴上红纸。参加表演者分成两组，男女分开，人数相等，各站一方。每次男女各一人对投。投球者摆动飘带，旋转绣球，对准竿顶圆圈投去，若一方的球破纸穿孔，即算胜一人，投不进的一方罚一人出场。依此反复投掷，直至一方无人为止，以有人的一方为胜，然后再其他组依次上场表演。

23. 打茅痞

仡佬族茅痞是将一种野生的柔韧性较好而叶质较重的“老鸦蒜”的叶子，先放在火上熏烤软和，将叶从中紧紧捆扎住，再把两头割剪整齐，形成一个毛茸茸的草球，或是取竹子青篾编成的空心圆球，再在上面拴上五颜六色的彩布条或彩线而成。打茅痞分“围茅痞”和“赶茅痞”。

围茅痞时，先选一宽大的坝子，从中划一直线，称为防线。在进攻中，一球安全飞过防线落地时进攻方即胜。上场人数因场地大小而论，可两人对打，也可两方数十人对打。

赶茅痞分为两队上场比赛，一般是自发相约组成，或以村寨为代表队上场。两队上场后，各在防线两边布防和进攻。

24. 跳花盆

跳花盆是白族人民的传统体育活动，多在节日或喜庆之时举行。比赛时两女青年左右相对席地而坐，相距 1.5～2 米，上身均向后倾。右方坐者两腿自然伸展，右脚跟叠在左脚尖上；左方坐者亦两脚伸直，右脚跟叠在对方的右脚尖上，左脚跟叠在自己的右脚尖上，使之高度约以鼻齐，然后让参加比赛的男青年轮流一一跳过。需要增加高度时，右方坐者右手握拳，拳眼朝上，平直伸出。左方坐者亦以左手握拳，伸直置于对方拳眼上，形成一条直线，作为横竿高度，每升高一次，加一拳头。以跳得最高为胜。

25. 跳山羊

跳山羊流行于各族少年儿童中。玩时，一人两膝伸直，上体向前弯曲 90 度，低头，手触地，如山羊状，由其他人按其背上跃过，跃不过者当“山羊”。

26. 跳脚

彝族跳脚是广场中燃一堆篝火，由青年男子数人围于四周，左手各执花手帕一块或花毛巾一条，右手各持铃铛一串（约 10 数个），边唱边舞，边摇铃边摔帕。跳时，有节奏地摇响铃铛，扭动腰肢，前后跳动翻滚，互相背驮，互相扭结、转圈等。其舞姿多系模拟攀越悬崖绝壁，翻越高山峻岭，披荆斩棘，清除草莽，表现先人艰难迁徙时之情景。

27. 霸王鞭

白族霸王鞭用竹制成，长约 1 米，分五节眼、七节眼，每节挂铜钱数枚。表演时人数不限，表演者在唢呐锣鼓歌声中舞狮、做各种武术动作，并使鞭连续碰击肩、腿等部位，使铜钱发出有节奏的响声。动作有旋转、跳跃、举手、下腰、卧鱼，步伐有行进、停留、下蹲、退后等。

28. 摔皮蜂

摔皮蜂是毕节民族地区广为流传的活动。用麻绳编一套圈钩于手上，套圈以下合并为一条，约 1 米长短，使用时，将尖端折回来，正中宽处放一石子，用力绕圈一摔，随即松开带子尖端，石子立即发出“嗡嗡”如蜜蜂一般的尖叫声飞出。

29．打花棍

打花棍在关岭自治县一带比较盛行，七八岁的苗族小孩在一起放牛、玩耍时，随身带着短棍，进行对打练习。

花棍为木质，长约 1.5 米，分 4 组对打。只见花棍时而在表演者胸前飞舞，时而对劈，你攻我挡，时进时退。花棍与花棍，花棍与地面的碰击声“乒乒乓乓”响个不停。主要的棍法有“姐妹相会”“雪花盖顶”“彩龙缠腰”“鹞子翻身”等。

30．打花鼓

松桃苗族自治县人民十分喜爱打花鼓，每年农历“六月六”、腊月二十至次年的正月十五举行打花鼓活动。（如图 4-8 所示）

图 4-8　打花鼓

打花鼓开始时，指挥者站在大鼓前，高高举起敲槌擂击，接着一阵旋风般的鼓点急促地响起来，越来越快。男女青年踩着鼓点进场旋舞。他们执着精制的鼓槌，依次在大鼓的两面敲击鼓面，时而敲击鼓边，时而跳跃，时而旋转，场面壮观。

31．打粑槽

粑槽，是打糯米粑的用具。打粑槽，是龙里县岱林乡和惠水县甲戒乡苗族人民喜爱的一种传统体育项目。

粑槽有圆形、长方形两种，高约 30 厘米，圆的直径为 60 厘米左右，槽边约 3 厘米厚。

表演时，粑槽放在场地中央，由两人击鼓，8 人表演，男女各半，身穿青衣，头缠黑帕，男扎红腰带，女系蓝腰带，双手持 1 米多长的木棒，按照鼓点围着粑槽边喊边打，时而男女混打，时而上下对打，时而槽边对打，时而槽外对打，配合默契，动作协调。打粑槽一般在“四月八”“重阳节”、过“苗年”开展，节日娱乐气氛浓郁。

32．金钱棍

金钱棍是流传于贵阳市乌当区苗族地区的一种体育活动。早期的金钱棍是木制的，既是运动器械，也是武器，多为男子使用，女子也偶有使用，后改为竹制。竹制金钱棍，在竹子的两端嵌上铜钱，按待定的动作编排成套，随时演练，寓攻防于其中。演练时铜钱碰撞发出“叮咚”“叮咚”的不同响声，故称金钱棍。

金钱棍长度为 1.2～1.5 米左右，现多为集体演练。演练时不断用金钱棍击碰身体各部位，主要是躯干和四肢，发出有节奏的音响，有强身健体之功效。

33．肉莲花

肉莲花（双名莲花十八响）流传于沿河县沙子区一带土家族居住地。

肉莲花是一种不计人数多少，又不受场地限制的自娱性锻炼身体的活动。表演者不管春夏秋冬，均打着赤膊，叉开五指，用力拍打身上的每块肌肉和关节，一是表现强壮体格，二是用这种拍打肉体的清脆节奏声抒发心中的情感。肉莲花的拍打节奏，一般是 4/4 拍或 2/4 拍，基本动作分为“下九响”“上动下不动”“下动上不动”等。“九响”是拍头，双肩、双肘、双腕、拧指、击掌。“下九响”是拍脖后、左胸、右胸、腹、双腿、双膝、脚背。“上动下不动”是以腰为界，晃肩、动头。“下动上不动”是扭臀部、晃小腹。同时也吸收了一些地方花灯身段作为舞蹈的基本造型。如“水牛闪杆”“嫩狗崽扒灰”等，跳的步伐是以“慢大步”“外八字脚”“穿花步”“线扒子”等为主。

34．板凳锣

板凳锣是余庆县苗族人民喜爱的一种民间体育舞蹈。舞者两手各持一条四脚矩形红漆小凳，有节奏地以凳面相击，发出“啪啪”的声响，似击锣钹，故称板凳锣。

跳板凳锣，无时节限制。劳动休息或茶余饭后，只要起兴，均可起舞。跳板凳锣无场地限制，在地头、庭院、场坝、草坪都可跳。在寨中有凳可舞，在地头无凳持棍、竹竿等，相击起舞，形式不拘。凡成年男女，一人可跳，多人可舞。或排成前两排舞之，或围圆圈舞蹈。跳的主体动作，有横走三步（左右均可）踢脚，同时击凳的“三步锣”；有走一步，踢一脚，小凳击一下的“两步锣”。田间地头表演时，荆棍向上滑升，变为手握棍之下端，与对方在头顶前方棍棒相碰，有力地快敲两下，停一拍再击一下，然后快速将荆棍滑向下方，变为手握棍上端，与对方在端起的另一小腿前面相击，同时脚落地。

35．爬花杆

爬花杆，是苗族人民在欢庆节日“踩花山”中的一项体育活动。

花杆用杉木做成，耸立在场地中央，高约 15 米，顶端悬彩球、挂彩旗。爬花杆开始时，表演者吹着芦笙花杆跳舞一圈，然后一个鹞子翻身飞上花杆，头朝下，双脚交叉紧紧绞住花杆，吹奏芦笙片刻，又一个鲤鱼打挺，使身体倒转 180 度，恢复上杆姿势，如此循环往复，一直爬到杆顶，在杆顶的横梁上做肩倒立等动作，并把双脚伸出杆外亮相。而后，表演者又用双脚夹着花杆，吹着芦笙，倒挂身躯，沿花杆缓缓而下，离地 1 米时，一个跟头翻跃下地。

36．玩花树

花树是用绿叶浓密青杉做成的，高 10 余米，剥去树皮，用桐油漆好，光滑洁净，树枝上挂有爆竹、红布、糖果及很多香甜食品。玩花树时，参加爬树的人即可在花树上摘取东西，如有人能爬到树梢去摘到果食，下树时必须人体倒下至地，以示勇敢。

37．打猴鼓

打猴鼓主要流传于贵阳市花溪、孟关等地，是当地苗族人民在春节期间举行的一项舞蹈和武术结合的体育活动。表演时，8 个小伙捧鼓，8 个姑娘手持鼓槌击鼓，边打边跳。一套动作打完，男女互换，姑娘捧鼓，小伙子则持鼓槌模仿猴子的各种动作击鼓“打猴鼓”。女子单打则以生产动作，如纺纱、织布、摘花、挥刀等组成套路。打鼓基本动作为脚跳、手击、腰旋、体转，步法有三步踩三角、滚步翻身等。

38．象步虎掌

象步虎掌在仡佬族青少年中流传很广，多在节日喜庆和劳动之余举行。玩时，选一平地，以一线为“界”，界边各划一线，相距 1 米左右，由表演的双方，各站在界边的线外，站定后脚不能动，然后伸出双掌相抵，听到发令声后，双方用巧力向前推动或向后缩让，或左、右让开等，以使对方脚掌移动离开原位置为胜。此活动主要锻炼臂力、腿力和灵巧，故谓之“象步虎掌”。

39．提石礅

回族青年常进行一种体育活动，以提的次数多、提的石礅重为优胜。石礅的重量有 90 千克的、140 千克、190 千克的，甚至有达到 250 千克的。

40．扭扁担

扭扁担是回族广泛开展的民间体育活动。两人相向而立，两脚适度分开便于使力。多半是左手在下手心朝上，右手在上手心朝下，双手紧握扁担，两手之间有适当距离。未动作时，扁担平放。裁判发令后，双方才开始用力。各自的用力方向均依顺时针方向，按外、下、内、上的路线用力扭动，扭至半圈时即胜。

41．扯地牛

满族喜爱的活动之一。扯地牛时两人相对坐在平地上，脚掌与脚掌抵紧，相互双手紧握。裁判发令后开始用力，互相蹬拉。谁先把对方拉起来离开地面，谁就是胜利者。

42．侗族棋类

侗族棋类统称“三”，意即为三个棋子为基本单位的棋种。后来由于侗族棋类进一步发展，“三”泛指侗族所有的棋类。

侗族“三棋”有两大类：一类是供成年人下的棋种，主要有“三向”“三白”“三打”等；另一类是适于儿童的游戏棋。下面介绍 3 种适用成年人比赛的棋种“三向”“三白”“三打”。

三向　“三向”是侗族最早的一种棋，棋盘是 3 个大、中、小互含的正方形，以里面小正方形的四角和四边中心向外延长 8 根直线，分别边接中、外两个正方形的四角和四个边线中心，所形成的图形。每一条直线都有 3 个交叉点，每一个叉点称为“角”，全图共 24 个角，里面正方形四边、四角上的交叉点称为内角（或叫下角），中间层正方形四边、四角上的交叉点称为中角，外边正方形四边、四角上的交叉点称为外角（或叫上角），角与角之间的线段称为格（或步）。（如图 4-9 所示）

双方持两种不同的东西充当棋子。下棋分两步进行。

第一步：下棋子。两人对弈，轮流下子。下棋子时，想方设法使自己棋子排成三子一线。排在一条线上的三个棋子称为“三”，每得一个“三”就可以用自己一棋子压对方任一棋子，使之无效，并对自己走棋时有利。

第二步：走棋子。把被压的棋子去掉，空出角来让棋子活动（如果没“三”，即没有任何一方棋子被压，双方各收去对方任何一棋）。后放棋子一方先走，轮流走棋，每走一次只能动一子、走一步。走棋时，尽量使自己的棋子走成“三”，每得一个“三”，可以去掉对方任何一子。某方棋子只剩下二子时为负。如果应该走的一方无路可走，则为和棋。

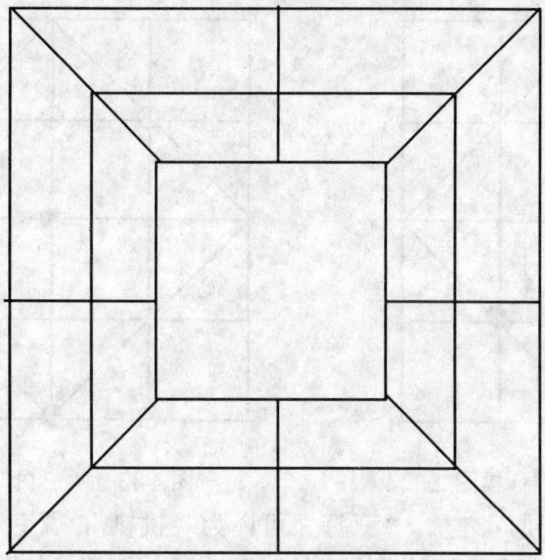

图 4-9 “三向”棋盘图

三白　“三白”侗语“打棋”之意，“白”侗语为“打”，其棋盘图为 5 条相互平行的横线与 5 条相互平行的纵线相交，且每条线之间等距离，呈一个正方形，然后将这个正方形的四边中点连接。全棋盘共 25 个角，内四边形上的角称为内角，中心点称为中角或中心角。角与角之间称为格（或步）。（如图 4-10 所示）

棋子与“三向”相同，两人对弈。

对弈时，两人各执 7 个棋子，放在靠近两端的 7 个外角上，轮流走子，每走一次只能动一个棋子、走一格。走棋时，要使自己棋子摆成两子和对方一子紧排在一线上，且自己棋子在一端，对方棋在另一端，若这条线没有第四个棋子，称为“白”，被“白”之棋即被“打死”（如图 4-11 至图 4-13 所示）。先把对方棋子打到只剩一子者胜。如果双方均余下两子，三回合不分胜负为和棋。

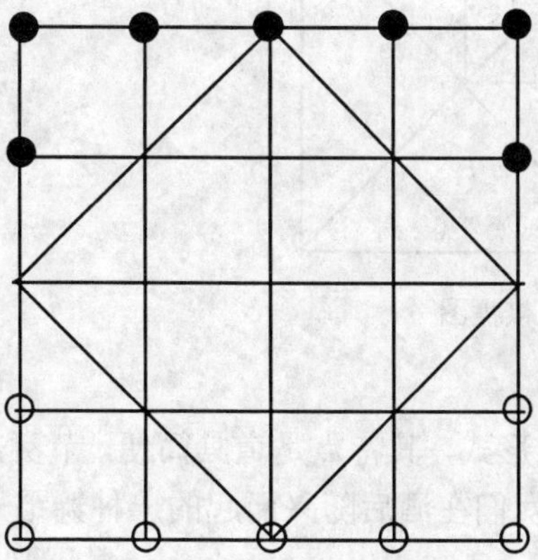

图 4-10 “三白”棋盘图

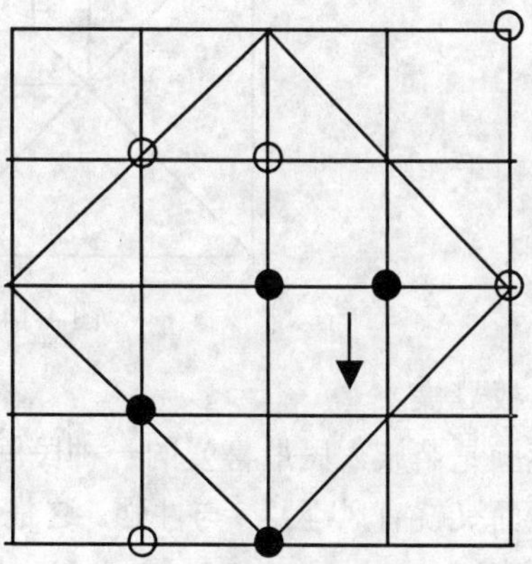

图 4-11 “三白”棋盘图一

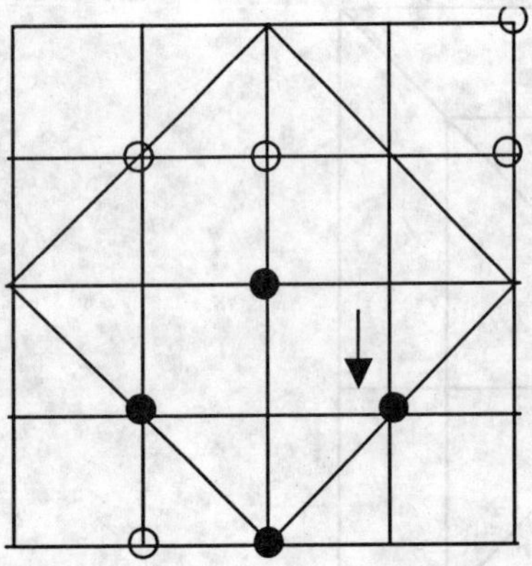

图 4-12 “三白”行棋图二

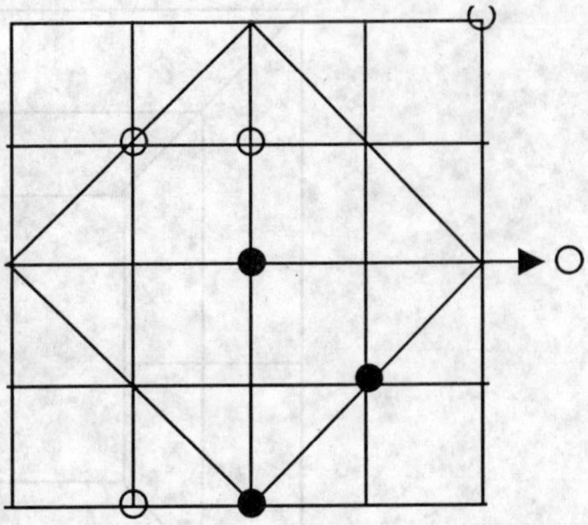

图 4-13 “三白”行棋图三

三打　“打”侗语“挑”之意。“三打”可译为“挑棋”，又包含“抬”含义。“三打”棋盘图形是一个“三向”的图形，再连接四外角所形成的图形（如图 4-14 所示）。下“三打”也分两步进行，下棋子方法与“三向”相同，斜线上的三个子也可以成“三”。走棋的方法是“三”“白”，另外还有一方法就是“打”，三者同时运用。“打”，就是一方棋子，走进另一方排在两线端的棋子中间，即“挑走”之意，另一方两子即被去掉。以先吃完对方棋子，或逼死对方无路可走者为胜。

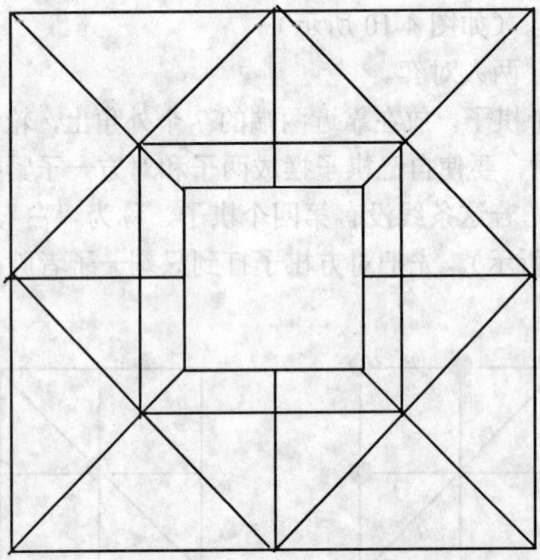

图 4-14 “三打”棋盘图

43．板凳操

板凳操是苗族人民最喜爱的一种民间体育娱乐形式，其特点是道具简便，节奏热烈，舞姿变化大而又饶有风趣，参与性强。这是由苗族妇女们在酒后随兴而起的一种舞蹈——板凳舞演变而来。

板凳操是以板凳相击发出声音为节拍，内容健康，节奏欢快，易学易懂，四季可跳。操者少则三五人，多则几十人，不受场地和时间的限制。它把苗族民间的板凳拳揉入其中，更加强调了体育性，充分体现了苗族人朴实、粗犷的性格特点。

44．摔跤

摔跤节是黎平肥双江乡最隆重的民族节日。

相传在明朝开启年间，当地人民为共同拒匪，加强防范，四寨和寨高两村商议联盟，决定各自选出一名德高望重、武艺高强的首领。四寨推荐的是蛮公，寨高推荐的是柳公，并定于当年三月十五日这天比武。那天两人贴身肉搏，以摔倒对方为胜，结果两人胜负各一，摔个平手。后来为纪念两个首领，每年农历三月十五日都在四寨村田坝举行摔足活动即摔跤节。

侗族摔跤竞赛是以村寨为单位，三声铁炮响之后，比赛开始，参赛队运动员按各寨的寨老事前商定的先后次序整队入场，一队出一个选手进行比赛。比赛人员少则三四十对，多则六七十对，赛完为止。

侗族摔跤的主要技巧有四：一是提摔，二是绊脚，三是拉摔，四是抱摔。主要以技术与力量相结合，将对方摔倒在地。

45．苗族健身操

苗族健身操《藺当》，苗语，意为“甩花”。每到正月初三至十五、“三月三”跳花场，苗族姑娘身着漂亮的服装、银饰，男青年则带上芦笙，聚集跳花场，姑娘们拿着心爱的绣花荷包，合着鼓的节奏起舞，随着鼓点节奏的变化，表演各种健身动作，时而飞步甩花，时而单于点花，时而胸前交叉舞花，时而侧身踢腿舞花，节奏明快活泼，很有浓郁的乡土气息。

46．幂灵

幂灵，水语读音，汉语就是“环刀”之意。幂灵是三都水族自治县都江镇舞台鸟村一带水族民间传统武术项目，是水族人在长期的生产生活中发展起来的。其演练的具体刀法有斩、劈、刺、举、甩、撩、击等动作，主要以刺、劈为主，具有较明显的攻防技击的特点。幂灵既可以单独演练，又可以集体演练；即可以作为武术修炼，又可配以音乐加入艺术成分作为体育舞蹈进行表演。

水族幂灵保持了传统的水族刀术风格，在动作构思，舞蹈编排、鼓点（音乐）设计和服装设计上，都体现了体育与艺术、传统与现代的巧妙结合，对进一步挖掘和传承水族文化都将起着积极的作用。

47．凉嘎

“凉嘎”，布依族语，意为“舂礁”，是由一简单的劳动方式逐渐演变成为的一种体育活动。这一活动通常在“六月六”“小年”期间，或娱乐、集会等场合举行。

表演方式：人们两两相对手持竹棒蹲于地下，在置地竹棒向上，向内滑动或相互撞击，表示石礁，另一批人则在竹棒分合间跳进跳出，或不断吸腿踩下表示舂礁。成对跳跃，以持续时间长短或在某一时间断跳跃的次数多少定输赢。原始舂礁没有音乐，靠人声和竹棒打击节奏来伴奏，并以竹棒变换节奏的快慢考验跳跃人的反应技术，热闹非凡，具有群众性。

体育意义为：集体活动，有节奏，以速度快慢和原位时间跳跃的次数为指标，道具简单，易于普及，具有广泛的参与性与娱乐性。

48．布依族板凳龙

在那遥远的年代，在南盘江畔动乱的社会，腐朽的统治使层出不穷的灾难和不幸随时有可能不期而至，兵灾、匪患、鸡鸣狗盗之徒时刻威胁着勤劳善良的布依儿女。为了保护来之不易的丰收果实和山寨的平安，南盘江畔的布依儿女们在长期的自卫求生过程中，除了使用农具、棍棒、刀枪抵御外来入侵以外，还发明了随处可取具有一定威力的以板凳为武器的“板凳拳”俗称“板凳龙”，因其独特有效的竞技手法很快被人们接受，长期以来一直流传于黔西南州的安龙、册亨、望谟一带的布依山寨。

今天，布依山寨处处歌舞升平、安居乐业、丰衣足食、平安和谐，昔日的灾难早已灰飞烟灭，远远离去，用于武力抗击外来入侵的“板凳龙”被赋予崭新的内容。因其除能强身健体自我防护之外，还能为丰收的季节和喜悦的节日增添热烈、祥和的气氛而深受人民群众喜爱。特别是崇拜龙的民族，更是把它视为瑰宝而努力将其发扬光大。

龙的后代，将以龙的神韵、龙的风采、龙的志向、龙的精神走向未来。

49．健身操——木鼓敲起来

苗族是一个能歌善舞的民族，仅苗族的“鼓舞”一项就有近 10 种之多。“木鼓敲起来”，取材于毕节地区苗族在喜庆节日中，为抒发自己高兴的心情的一种自娱性舞蹈。本套健身操有机地将苗族的传统音乐、舞蹈与现代健美操融合在一起，表面了苗族同胞粗犷、豪放的精神面貌以及古朴、雄浑的苗族风格，体现了苗族人民在党的富民政策下，过上幸福生活的欢快心情。

50．滚山珠

“滚山珠”原名为“地龙滚荆”，取材于苗族先民的狩猎生活和大迁徙时翻山越岭的艰辛。

传说远古时期，苗族人民的祖先在大迁徙途中，道路坎坷、荆棘遍野，英勇的苗族青年们为了给父老、妇幼开辟一条通道，就用自己矫健的身躯从荆棘林中滚出一条路，让父老们胜利通过，到达黑洋大箐安家落户。人们为了纪念这些青年的功绩，就模仿他们用身躯滚倒荆棘的动作，编成芦笙舞，再现当年这一群群苗族青年披荆斩棘、克服种种艰难的精神，使之代代相传。

“滚山珠”目前已成为毕节地区苗族人民最为广泛流传的娱乐健身活动。它不受场地和人数的限制，也不用音乐伴奏。主要特点是要求表演者在不停地吹奏芦笙舞曲的同时进行翻滚、倒立、吊挂、倒背等动作，时而对舞、时而对练，动作节奏鲜明，刚柔并济。“滚山珠”具有广泛的群众性和独特的民族性，是把民族音乐舞与体育健身有机结合的最好尝试。它不仅在全国和贵州省民运会上多次参加表演，而且在北欧、西欧、加拿大、东南亚等地进行过多次演出，博得了广大中外观众的阵阵喝彩。

51．铃铛舞

“铃铛舞”原为彝族庙祀教化时跳的战状舞蹈，表现形式雄浑悲壮、豪放粗犷，两队舞者作跃马扬鞭状，相向而来，纵横有序，变幻无常，控制节奏的铃声嘈嘈如急雨，憾人魂魄，窃窃如私语，动人心扉。一个连一个的高难动作翩若惊鸿，舞如蛟龙。把战场上勇猛威武的彝族汉子的血性气概表现得淋漓尽致。

贵州省乌蒙高原，居住着近百万彝族同胞，主要聚集在黔西北乌蒙腹地的贵州省毕节地区。彝族文化丰富厚重，历史渊源悠长，加之神秘夜郎作为毕节所特有的文化背景，使彝族铃铛舞远近闻名，风格独特，艺术魅力无限。

今天的彝族铃铛舞，随着社会的变革而变革，观念的更新而更新，不但随时随地都能跳，而且彝家女子的加入使舞蹈更绚丽多彩，唯一一成不变的是古朴雄浑的风格，是大气磅礴的感染力。

52．高脚跳竹竿

高脚跳竹竿是仡佬族的一种传统体育表演项目，仡佬族人爱好走高脚和跳竹竿舞，在两项活动同时开展时，逐步形成了高脚跳竹竿。现在人们在休闲、娱乐和节庆的时候，常常用高脚跳竹竿这一体育表演项目来表达仡佬人的喜悦和欢快，深受广大观众欢迎。

高脚跳竹竿既可强身健体，又有较强的技能和观赏性。过去只在民间仡佬族男女青年们休闲时进行的娱乐表演，随着民族文化的发展与进步，现已走进校园和舞台，形成一项规范的体育表演项目。其表演方式、规则、器材、场地等如下：

（1）高脚跳竹竿由男女青年配合组成，一般由 14 名男青年，12 名女青年组成（男女比例、队员人数可增可减）。整个队员中，由 10 名男队员，6 名女队员跳竹竿（6 男 6 女跳高脚，4 男跳独脚）。4 男 2 女打竹竿，4 女打鼓点。

（2）场地一般在 80 平方米左右（10 米×8 米），场地布置用 8 根 6 米的长竹竿，其中 2 根为桥梁，6 根分三组垂直于桥梁均衡而放。大鼓设置在场地四角，以击鼓声、竹竿敲打声和打挂声为跳竿节奏。

（3）跳竿规则。在场地、器材全部布置到位后，教练示意比赛开始，鼓手接到教练示意，用手势和鼓声指挥跳竿，鼓声、竹竿敲击节奏为 | 咚　咚　0　| 咚　咚　咚 0|，进人中途节奏加快，节奏为|咚咚　咚咚　咚 | 咚咚　咚咚　咚 |。跳竿演变为：首先由 6 男 6 女分别排成两个队列，上高脚用四方步绕场一圈，男生手持打挂，女生以舞蹈的姿势进行，随后 6 男 6 女上高脚跳竹竿，交叉成十字形，然后变成圆形，在变形过程中，4 男独脚从场外跳进圆形中心，手持打挂向观众致意。最后分男、女高脚独脚各队向观众致意，分别跳出竹竿，跳竿活动结束。

（4）道具设备：6～7 米以竹竿 8 根，高脚 12 副，独脚 4 副，打挂子 10 副，大鼓 4 面。

（5）表演时间：10～11 分钟。

（6）服装：统一为能体现仡佬族服饰内涵的仡佬族服装。

53．篾鸡蛋

篾鸡蛋是仡佬族的传统体育活动，最为群众所喜爱，多在春节期间和仡佬族青年休闲时开展此活动。在过去农村精神文化十分单调时，村村寨寨都开展这一活动。

打篾鸡蛋可强身健体。仡佬人非常崇拜宝王和山王，宝王是仡佬人采丹砂的领头人，传说他在开荒辟草中挖出一个“圆宝”，本人不知其何物，后经商人指点，得知属朱砂圆宝，他将“朱砂圆宝”向周武王进贡。周武王得宝后，封他“宝王”。山王是仡佬族人的自然崇拜，认为山有灵气，可保佑人们事事顺心，万事大吉。为此，打篾鸡蛋通常都分为宝王队和山王队进行对抗赛。现将赛式规则简述如下。

（1）比赛规则：比赛分宝王队和山王队，每队队员各 6 名，其中女队员一名（公主），身穿盛装在场上担负指挥和抛掷篾鸡蛋的任务。比赛双方要攻破三道防线获得供球权，并打斗得分，同时阻止对方攻打本方防区，争取转守为攻。全场可分 4 局，也可只打一局，每局 10 分钟左右。比赛开始，双方队员入场站在自己的河界内，由两队“公主”在中线的圆圈内跳球，公主获球后要速传队员，超过 5 秒钟违例。队员获球后可奔跑，在跑中必须传球。在进攻中，场内分三道防线，每道防线进攻方必须将球抛打对方队员，落地为攻破防线，由进攻方公主发球攻第二防线，二三两道防线攻破，进入供球区，裁判宣告三线攻完，控球指示最后追打成功队员进入安打区供球打斗。双方队员成交叉队形站立虚线半圆外，准备抢夺未进半场球。打斗成功得分，打斗未进球，本队队员得球则庄三线内再次追打，追打成攻继续打斗，如若球被对方夺得，进行反攻。反攻时，防守队员未能进入防线，反攻方可直接进入供球区，裁判宣告攻线完毕，指示供斗。

打斗有 4 种方法，其中任选一种均可，具体分为：

①手投球进斗得 1 分

②脚踢球进斗得 2 分

③头顶球进斗得 3 分

④倒钩球进斗得 5 分

最后以得分多者为胜。

（2）场地规则：长 50 米，宽 35 米，全场分两个半场，在全场 1/2 处设中线，中线画一直径为 2 米的圆圈。半场内设一线、二线、三线、供球区。场两端底部各放一张斗。

（3）器材：器材有篾鸡蛋和两张斗，篾鸡蛋由竹篾编成，直径 10 厘米左右椭圆形，从蛋的中央穿过红绸布带。两张斗在民间打法主要以谷斗，长 2 米，宽 2 米，现为了运输方便用木条活动式构成。

（4）比赛时间：12 分钟以内。

54. 土家健身操

土家健身操是沿河土家人民在历史发展过程中，将生产生活中挖土、播种、打田、栽秧、挑水、背粮、梳妆等动作加以提炼，使之规范化、节凑化、韵律化，从而形成了集健身化、表演化、观赏化、大众化于一体的土家健身操，是沿河土家民族民间传统体育表演项目之一。土家健身操基本动作由“龙凤出巢”“推窗望月”“观音坐莲”“兄妹赶场”“龙凤归巢”等动作组成，共 12 组，每组 8 个动作。表演时要求节奏统一，动作协调，刚柔并济，欢乐流畅。由于其动作简约、表演自由，人数可多可少且不受场地限制，田间地头、舞台都能随时表演，在沿河民间历来广为流传，堪称土家手舞、肉莲花的姊妹篇，

55. 土家花灯健身操

土家花灯是黔东南北花灯的代表。各族人民在传统民族民间节日和法定假日，都要敲起锣鼓，舞起扇子翩翩起舞。谚语有“一天不跳灯，痒痛脚板心”之说，足以证明花灯是各族群众喜闻乐见的民族民间文艺形式和群众健身运动形式。

随着人民群众生活水平和生活质量的不断提高，各族群众对花灯更加酷爱。我们根据群众的文化生活需求，搜集、整理，并在继承的基础上，发展、创新了花灯音乐，按体育运动锻炼四肢、颈、胸、腰等各种部位的活动规律，创编了单扇、双扇两套健身花灯程式动作，更突出了民族性、体育性、观赏性和艺术性为一体。印江自治县在 2006 年 3 月 8 日举办的全县“花灯健身操大赛”，受到了省地专家的好评，极大地普及和提高了花灯健身运动水平。现在我区印江、思南等县男女老幼人人会唱、会跳花灯，到处是一派和谐、安定的歌舞升平景象。

56. 布依族抱石

布依族抱石是布依族的一种传统体育项目，大多在春节及集会时举行。抱石经过几千年的逐渐演变发展，已成为布依族群众广泛喜爱的一种民间体育项目。

布依族抱石起源于贵州的特殊的地理环境。石头在贵州遍地都是，布依族在生产生活中，时刻都在与石头打交道，尤其是在起房造屋时，石头都是石匠一块一块垒上去的。相传，石

匠们为了展示自己过人的本领，以得到布依族造屋者的肯定，开始在开山造屋中进行比赛。至此，布依族抱石运动相沿成习，一直到今天。

在安顺的很多地方每年都要举行抱石比赛。西秀区的镇宁自治县的布依村寨均有抱石比赛的传统体育活动习惯。

抱石不分重量及级别．不分年龄，不分体重，只要把事先规定的石头抱起即可。这样，有时产生的大力士太多，很难分出胜者。为了一决胜负，抱石的规则、形式越来越丰富、复杂，形成了后来的抱石走步、先抱后抛、抱石至肩转颈等动作。

抱石比赛有好几种形式。有的是参赛者需将重约几百千克的石头抱到胸腹部，并从胸腹部抱至肩上或从腋下移到背上，然后按规定范围走圆圈，以走的圆数多为胜。有的是参赛者先把重约100千克的石头抱至肩上，然后从肩部向后抛，以抛得远者为胜。有的是比赛是选择一个重约100千克的椭圆形石头，以加大抱举难度。有的是选择一个重约100千克的石头，选手把石头抱至左肩膀上，然后把石头通过颈部移到右肩膀上，再抱回胸部，接着转颈，按转的次数多少定胜负。运动员们用这种方法来增强身体力量，锻炼身上的肌肉。

布依族抱石在安顺具有广泛的群众基础，是简便易行、老少皆宜的民间体育活动。

现在安顺代表团表演的布依族抱石是经过编导人员提炼、精心加工的，充分展示了布依族抱石技巧的精髓，融布依族民间音乐、舞蹈、体育文化为一体，风趣幽默，观赏性强。

57．苗族单手摔跤

苗族是中华民族大家庭中的一员，在历史的发展长河中创造了丰富多彩的民族文化，苗族体育以其独特的风格，不断展现出其应有的魅力，越来越受到世人的重视。苗族摔跤产生比较早，早在5000多年前，苗族的首领蚩尤就以摔跤而闻名。单手摔跤是苗族体育中的一颗明珠，它是苗族人民在生产生活和战争中逐渐摸索出来的一整套防身健体的体育运动，主要流行于安顺市部分苗族村寨。

苗族单手摔跤，苗语称“一猜得巴拿”，意为“单手摔跤”。它是两个人的直接对抗，既较力较技，又斗智斗勇，深为苗族广大青少年所喜爱。它对提高人体的力量、速度、耐力、灵敏等身体素质，提高内脏器官机能，促进新陈代谢，增强体质，特别是对提高神经系统的灵活性和本体感觉，有较大的帮助和明显的作用。

苗族单手摔跤的基本动作包括站立姿势、跤架、步伐、手法、倒地方法、自我保护、保护对方等几个方面。跤架有左架（顺架）、右架（顶架），步法有上步、后撤步、横步、车轮步、背步、盖步、跨步、滑步、跳步、三点步、磨盘步、芦笙步等，手法有握腕、反握腕、单手握腕、握肘、握颈、夹颈、绕臂、接胳膊、摘胳膊、抓领、抓偏门、抓小袖、抓胸襟。

苗族单手摔跤不分级别，不分男女，在两人对抗中进攻者把握有利时机，突然使用穿裆靠、抱腿、过背、夹臂、把腰、穿腿、撩钩子等技法把对方摔倒得分。

采用3战2胜制决出胜负。

安顺市代表团表演的苗族单手摔跤是在广泛搜集苗族民间摔跤文化的基础上提炼编排的，除了保持苗族单手摔跤的基本动作和风格外，还把苗族民间武术、舞蹈、音乐以及生产生活的一些动作融入其中，使苗族单手摔跤更能反映苗族文化。

58．苗族板凳健身操

苗族板凳健身操是根据《安顺地区民族志》已载的苗族板凳舞进行改编而成的。该舞始于元朝，相传是一位名叫申阿略的苗族老人为民除了虎害，群众为庆贺胜利而发起的。动作有横走三步，击凳三次，踢脚一次的；有走一步，踢一脚，击一次，击凳较为激烈。有前后跨三步击凳的独脚舞，节奏缓慢；有向前两步退一步，随步击凳；有退两步横一步，双手用凳头击三下，动作较为激烈。还有一种是酒后动作，可不按部就班，是多人起舞，每一圈击凳三下，不论是蹲着击凳，还是反手击凳，或是转圈击凳，皆与对方左右相碰，气氛热烈，时而成排，时而成圈，时而高起，时而蹲下，节奏明快，韵律奔放。

安顺代表团表演的苗族板凳健身操融安顺苗族舞蹈、音乐为一体，主要目的是“锻炼身体，保持健康”，是一种有氧动动，严格遵循“健康、安全”的原则，防止运动损伤的出现，达到锻炼身体的目的。通过练习，可以塑造强健的体魄，增强心肺耐力、肌肉力量、平衡性、灵敏性、柔韧性和协调性等身体素质。现在表演苗族板凳健身操的队员，是来自镇宁自治县的苗族小学生，年龄最小的只有 6 岁。

苗族板凳健身操，节奏强劲有力，旋律优美，具有烘托气氛、激发人们情绪的效应，具有感染力和较高的观赏性、艺术性、适应性。

苗族板凳健身操练习形式多样，运动量可大可小，容易控制，对场地器材的要求也不高，因此，对各个年龄层次、不同性别、不同身体素质、不同技术水平的人都适宜，各种人群都能从健身操练习中找到适合自已的方式，从中得到乐趣。

通过长期的苗族板凳健身操练习，可改善不良的身体状态，形成优美的体态、良好的气质与修养，给人以朝气蓬勃、健康向上的感觉。通过苗族板凳健身操练习尤其是力量练习，可使骨骼粗壮、肌肉有弹性，从而弥补先天的体型缺陷，使人变得匀称健美。通过苗族板凳健身操练习，还可消除体内和体表多余的脂肪，维持人体吸收与消耗的平衡，降低体重，保持健美的体型。

随着现代经济社会的发展进步，人们在享受科技所带来的舒适生活和各种便利的同时，也受到了来自方方面面的精神压力。而苗族板凳健身操作为一项体育运动，因其动作优美、协调、全面锻炼身体，同时有强烈的音乐伴奏，可使练习者的注意力从烦恼的事情转移，忘掉失意与压抑，尽情享受苗族板凳健身操所带来的欢乐，得到内心的安宁，还可使练习者之间共同欢乐、互相鼓励、开阔眼界，从而缓解精神压力，使人具有更强的活力和最佳的心理状态，满足人们的心理需要。

59. 乌蒙苗族芦笙舞

芦笙是苗族人民的密友良伴，芦趣声声，寄托着苗族人民对美好生活的向往。传说芦笙是祖先伏羲女娲所作，距今已有 3000 多年的历史。苗族在文化发展的长河中，将舞蹈、音乐、武术、体育和杂技等融为一体，使芦笙文化变得多姿多彩。贵州西部苗族勤劳聪慧，他们创作的曲目就有 80 余首，芦笙舞蹈和技巧近百种，音乐舞蹈节奏明快，粗狂热烈。

乌蒙苗族芦笙舞中含有许多高难的杂技动作，运用许多模仿犁地、播种、穿梭、植树、叠罗汉等动作与杂技糅合在一起。可以说，这是一种技巧性很强的舞蹈，脚下矮蹲和转圈的扫腿功夫，自演自奏，声不断，舞不息，动作粗狂潇洒、舞姿优美，舞到激烈之处，无不使人眼花缭乱、目不暇接，自始至终干净利落、一气呵成，从不拖泥带水，这是乌蒙苗族芦笙舞群中精彩的一篇乐章。

60. 凉都彝族铃铛操

“铃铛操”（彝语：“恳荷呗”），是贵州西部彝族的一种古老的传统祭祀性舞蹈，其使用范围以最初的悼念祖先性质，逐步发展成为现在的集悼念、庆祝等为一体的多功能综合性舞蹈。表演者一般为4人，多则数十人甚至上百人。舞者双手持铃铛，脚步声与铃铛声合拍，互相扭结、互相背驮，前后跳跃翻滚，边舞边唱“恳荷”，节奏明快，气势恢宏，舞蹈粗犷、奔放。舞步多为模仿攀越悬崖绝壁，翻越崇山峻岭，征战沙场之势，又颇似重演先人迁徙之情景。舞蹈集健身、杂技为一体，动作错落有致、铿锵有力，赞扬了彝族先民为求得生存和发展而敢于战胜大自然的民族精神，也体现了彝族人不但热爱生活，也善于改造生活的精神风貌。

61．苗族织锦操

苗族是一个爱美的民族。早在1700万年前，中国的《后汉书》里就已有了五溪苗族“好五色衣裳”的记载。

苗族织锦操是苗族人民在全民健身活动中，把生活中用于纺纱绕线的器具融会一起创编而成的民族轻器械健身操，融观赏性、娱乐性、健身性为一体。表演者头戴银饰，腰穿短裙，在欢快的节奏中，摆动双肩纺线的动作越来越快，银饰发出的响声更加急促，催人奋进。这是力与美的结合，这是力与美的表现，这是奔向中华各民族大团结的铿锵鼓声。

62．彝族铰子健身操

在风光旖旎的高原水乡贵阳红枫湖畔，生活着勤劳美丽的彝族同胞，美丽的湖泊造就出美丽的民族，悠久的湖水孕育出他们火一般的性格。

彝族铰子健身操是彝族同胞在全民健身活动中，将生产、生活中的一些基本动作融会在一起，创编而成的民族轻器械健身操。

彝族铰子健身操以生产生活为创编源泉，以体育形式的轻器械操为基本动作，以彝族音乐的韵律为节奏，融观赏性、娱乐性、健身性为一体，有着浓郁的民族特色和鲜明的地方特点。其动作舒展大方、热情欢快，是全民健身操花园中一朵绚丽多姿的民族体育之花。

63．布依族铁链械

“铁链械”是一种山村常见的劳动工具，用一个铁环将两根棍子连接，其长短视使用者的身材而定。

布依族铁链械源于花溪区湖潮乡布依同胞一种独特的生产方式，后逐渐演变为村民之间比试智慧和力量的运动项目，得到广泛流传。表演时要求身械合一，动作柔韧、协调，体现了布依民族粗犷豪放、机智灵活、坚强不屈的民族气概，因而得到布依人民的广泛喜爱。

布依族铁链械表演扣人心弦，大家都从这一神奇的功夫中享受到阳刚之美。

64．板凳拳

板凳拳，起源于黔西南龙县的一个布依山村。

相传，在一个风清月明的夜晚，一对相恋的布依族青年坐在村边树林中约会，一群强盗突然冲出，刀剑相胁。为了保护身边爱人，男青年操起座下的板凳与盗人搏斗，只见那长凳在青年手中上下挥舞，左右扫荡，威震敌胆。为了帮助自己心爱的人，女青年大声呼喊唤来了村民。村民们手持农具、坐具将强盗击退，救下了相爱的青年，从此板凳成了当地群众的吉祥物和保护爱情的一个象征物。同时，他们用集体的智慧编创了板凳拳，并世代练习。

风雨沧桑，板凳拳经过几世几代人的传承发展，逐渐形成了一个体系。其分为长凳、短凳、草墩等，又分为单练、对打、集体演练等各种形式。

改革开放的春风，将现代文化吹进了这个小山村，也将板凳拳和这个山村的民族文化带出了大山，走进了中华民族传统武术的行列，成为中华民族文化的又一个奇葩。

板凳拳不仅有其保护爱情、惩恶扬善的特殊意义，更是一种民族艺术，是一项强身健体的运动。

65. 竹铃鼓

竹与布依族传说中的祖先有着不解的渊源，因此布依儿女对竹有着深厚的情缘。劳作后的布依儿女常用竹筒盛水、盛酒、盛饭，闲暇时常用盛过酒饭的竹筒击打出欢快的节奏，跳起动人的舞蹈，竹铃鼓就是根据这一原始素材提炼、加工、操化创编的民族健身操。其特点是利用竹铃鼓自身的重量在各式的击打声中做着各种走、跑、转体、跳转、踢转、旋转、扭腰、送髋等动作以达到强身健体的作用。在练习过程中可采用双人、多人配合以及一定的队形变换，因此具有一定表演性和观赏性。动作的编选充分利用了高低变化、左右结合，其活动范围覆盖了全身所有的关节、肌肉、骨骼，使练习者的耐力、灵敏、柔韧、力量、协调素质得到了全面的提高，因此竹铃鼓是一项具有很强健身性、表演性、民族性、群众性的民族传统表演项目。

66. 拔河

拔河是我国古代民间流传的一项传统体育活动，具有悠久的历史。

拔河形式多种多样，有两人对抗，也有多人对抗，有徒手对抗，也有利用器械进行对抗等。现在，我们通常所说的拔河是指多人平均分成两队进行的徒手对抗。比赛时，参赛两队的人数必须相等，按事先确定的方位分别站于绳的两端，并握好绳，此时，绳的标志带应垂直于中线。待裁判员鸣哨后，两方各自一起向自己的方向用力拉绳，以一方把标志带拉过自己一侧的河界为胜方 。

拔河运动具有较强的健身性、娱乐性，并能锻炼身体、陶冶情操，同时又不受时间、季节、场地、器械等影响，因此便于开展。参与此项活动既能增强力量、耐力、灵敏、灵巧等身体素质，又能培养顽强拼搏的意志品质和集体主义的优良作风。

67. 打布鲁

打布鲁是蒙古族人非常喜爱的一项民间传统体育活动。早在元朝以前，布鲁就成为蒙古族打猎和御敌的重要武器，同时它又是一项有益的娱乐健身活动，现在“打布鲁”已成为那达慕大会的正式比赛项目。

“打布鲁”蒙语是投掷的意思。布鲁的发展历史悠久，源远流长。早期的布鲁是用榆木制作，为提高杀伤力，后改为头部带有金属的布鲁——用铅、铜、铁等金属包扎或浇灌在头部花纹上，发展至今根据打击的目标和比赛方式的不同可分为四种：第一种，吉如根布鲁（蒙语），是用铅、铜等金属片包扎在一根状似镰刀的木棒上，一头用皮条绑紧一块铜或铁制成的心状重物，专为打击大型猛兽而用的布鲁；第二种，图固立嘎布鲁，它是用熔化的金属液体浇到木棒头上，并精雕细刻各种花纹，做工精细，专为打击小野兽而用的布鲁；第三种，海雅木拉布鲁，无论头上或其他部位都为扁形，顶端不加金属，是一种日常练习用的布鲁，现在我们把它选为投掷用的器材；第四种，是把铅熔化了浇铸在布鲁的顶端，凝固后布鲁上包一层铅，这是专打中小野兽用的布鲁。

布鲁比赛分为投远和投准两种，其场地基本相同。投远的规则和投手榴弹一样，以投得最远为胜；而投准比赛是在一块长方形的场地上画一条投掷线，离投掷线 30 米的地方，立起 3 根 0.5 米高的圆木柱，间隔 10 厘米，选手们轮流投掷布鲁，按击中木柱的多少判定胜负。比赛一般是每人投掷 3 次，每次投掷的时间有限制，投掷的姿势不限。在那达慕大会上，不仅有站在地上投远和投准的“布鲁”比赛，还有骑在马上的“布鲁”比赛。

“打布鲁”活动，于1953年在天津举行的第一届全国少数民族传统体育运动会上，被列为表演项目。党的十三届三中全会以后，广大体育工作者以及布鲁爱好者对它进行了挖掘和整理，使古朴的布鲁这颗民族体育之花同其他项目一样获得了新的发展，对场地、器材、比赛方法和形式作了很大的改进。1982 年在内蒙古呼和浩特举行的第二届全国少数民族传统体育运动会上，蒙古族青年表演了布鲁掷远和掷准，其中掷远突破了百米大关，赢得了观众阵阵掌声。由于此项目场地、器材比赛简单，又能增强体质，因而使这一民间的传统体育娱乐活动得到了发展，成为人们喜爱的体育运动。

68. 爬杆

爬杆在我国有悠久的历史，元代的《文献通考》中记载：“爬杆之法有多种，虽各有异，耍之同为缘木之戏也，唐曰杆木，今曰上杆，盖古今异名而同实也。”爬杆至今仍然是我国一些少数民族人民所喜爱的一项活动。如爬坡杆，是苗族人民在一年一度的坡会上举行的民间传统体育项目，它是沿着直立的竹制或木制长杆攀爬的一项活动，流行于广西的隆林、西林、融水等地。据苗族传说，宋代有一对年过七旬、无儿无女的苗族老人住在坡顶，感到非常寂寞，于是每年的正月初二至初十他们都在自己家的门前竖起一根高达 10 米碗口粗的长木杆，杆顶上挂着一葫芦酒、几斤熟肉、一对粽粑，并插上香，以此祭祀民族英雄——孟子佑。村寨里的群众听说后，有数千人赶来观看，老人当即提议，今天谁能身子不贴杆，只用手与脚爬到杆顶就奖励醇酒一坛，许多小伙子积极报名参加，其中有一名小伙子的爬杆方法与众不同，他用双手抓住木杆，两脚朝天，头部向下，顺杆迅速爬到杆顶，接着双脚夹着木杆又快速下滑，顺利到达地面，人们称他为“倒杆郎”，视为苗寨的勇敢者。此后，人们每年都在坡会上开展这一活动。

爬坡杆的传统方法有手攀法（顺爬法）、抱杆爬法、倒爬法和爬蹬杆法等多种。其中手攀法是用双手攀杆，两脚悬空，胯关节靠住杆，用臂力向上攀登；抱杆爬法是手脚并用地爬杆；倒爬法即头朝下、脚向上，手脚夹杆倒爬；爬蹬杆法是用两脚抵蹬杆，两手攀杆，像蹲在地上走路一样。爬杆者爬至杆顶后，还要打开酒壶，喝上几口，然后用嘴咬着葫芦的红飘带和挂肉、粽粑的绳子，脚在上、头朝下往下滑，谁到达地面不掉一样东西，谁就获胜，酒肉和粽粑就是优胜者的奖品。

爬杆属于表演项目，为了增加表演的娱乐性和艺术性，提高观赏价值，在表演过程中也可加进竞赛形式。目前正式比赛分两种。一种是比速度，运动员利用相同的爬法，从杆口开始往上爬，触及杆顶端的标志物后再滑下落地，所用时间少者为胜；另一种是比难度，运动员爬上杆后，在杆上做各种静止或过渡性动作，一般在靠近杆顶端时完成，谁的动作造型难度大即为优胜者。比赛可分为个人赛和团体赛。

爬杆是一项手、脚、身体并用的体育项目，是通过手、脚与杆产生的摩擦力，并利用摩擦力的作用向上攀爬。因此，它对人的力量素质要求较高。经常参加这项运动，不仅有利于锻炼练习者的臂力、腿力、腰力，而且也能提高身体的灵活性和协调性。

69. 跳绳

跳绳是我国民间流行的一项体育活动。史书中都有关于跳绳的记载，唐代称跳绳为“透索”，每年农历八月十五日以“透索”为戏。宋代称跳绳为“跳索”。明代的《帝京景物略》一书中称跳绳为“跳白索”，并生动地描述了当时的跳绳活动：“童子引索略地，如白光轮，一童跳白光中，曰跳白索。”清朝的《有益游戏图说》一书中也有跳绳活动的记载，清朝人称跳绳为“绳飞”，直到中华民国以后才称为跳绳。

跳绳活动在我国有着深厚广泛的群众基础，许多机关、厂矿单位一直把跳绳列为职工运动会的常设项目，它也是中小学体育教学和课外活动中很好的项目，许多学校举行形式多样的跳绳比赛。20世纪90年代以后，在我国全民健身计划的推动下，跳绳运动在全国上下形成一股热潮，跳绳技术在继承传统的基础上，不断创新发展，涌现出了不少跳绳高手。跳绳作为一项古老的民族体育活动，生机勃勃地活跃在中国大地。

跳绳活动只需一条绳索、一块空地，在门庭、院中或街心公园等地都能进行，十分简单易行。它不受季节、场地的限制，老少皆宜，只要根据个人的身体情况，把握适宜的节奏和运动量，就能获得良好的健身效果。在我国的群众性体育健身活动中，跳绳可以说是开展得最为广泛和普及的运动项目之一。

正规的跳绳比赛设有裁判长、发令员、计时员、记录员和宣告员等。比赛主要以速度跳绳为主，比赛类型有单人跳、双人跳和集体跳3种。单人跳分为30秒钟单摇跳、30秒钟双摇跳、30秒钟编花单摇跳、30秒钟编花双摇跳，双人跳分为1分钟一人带一人单摇跳和1分钟一人带一人双摇跳；集体跳主要是指30分钟10人跑8字跳长绳。比赛方法都是在规定的时间内以跳绳次数的多少来确定胜负，次数最多者为第一名，依次类推。

70．跳皮筋

跳皮筋或跳橡皮筋又称为踩跳，是我国20世纪中叶发展起来的民间体育项目。新中国成立后，在中小学中开展得较为普遍，是少年儿童尤其是女孩子喜欢的一项活动。

跳皮筋分为表演和比赛两种形式。表演时有单人、双人和集体跳3种，男女不限。一种方法是将皮筋绑在相邻而又距离适度的两棵树之间（其他固定物亦可），也可两人各持皮筋一端，其他人围绕皮筋踩跳出各种花样的动作。跳皮筋时可分为两队、一对一、二对二和一人对多数等多种形式。另一种方法是将一条、两条或数条皮筋拉成多种图案，如三角形、四角形、五角形、菱形、斜线形、人字形、八字形、波浪形、扇形等形状进行表演。

正式比赛也可按照单人、双人和集体跳3种进行。无论哪种类型的比赛，必须在3个不同高度上做出3组不同的动作，每组动作不得少于2～3个。比赛时间因年龄而异，一般青年人长些，儿童短些，比赛时有音乐伴奏。

跳皮筋以下肢动作为主，辅以手臂和身体其他部位的配合，并伴以富有节奏感的儿歌或民谣。经常参加此项活动可以增强下肢肌肉力量，提高弹跳能力，并对提高灵活性、柔韧性和协调性有积极的促进作用，同时对改善心肌和呼吸系统，促进体内血液循环和新陈代谢等有辅助作用。此外，跳皮筋还可培养青少年互相协作的团队精神。

71．跳竹竿

跳竹竿主要在黎族、苗族和京族人民中广泛流行。这项活动原来是黎族庆祝丰收时祭神的一种礼仪，黎语称为“卡咯”。每逢黎族的民间传统节日，如正月十五、三月三等夜晚，居住在海南五指山区的黎族青年男女，穿着节日盛装，喜气洋洋地在村寨的场地上举行跳竹竿活动，欢庆丰收。他们在民族乐器的伴奏下随着音乐节奏的快慢，在竹竿分合的空隙中，忽而双脚、忽而单脚灵巧左右跨跳，动作优美，舒展大方，洋溢着青春的活力，令人心旷神怡，使观众目不暇接，跃跃欲试。跳竿者随着跳跃动作的发展难度越来越大，持竿者随着鼓乐的变化由坐姿改为蹲姿，继而改为站立，这时跳竿的人要更加用力，才能显示自己良好的弹跳力和跳竿技巧。他们时而表演各种各样的舞蹈，时而踩着高跷做各种高难度的动作，场面激烈欢腾，给人以美的感受。参加跳竿的人一旦腿脚被开合的竹竿夹住，便自觉地主动认输退场，而那些巧妙地躲过不同高度竹竿夹击的跳竿者，便成为优胜者。至今这项活动经过改革，已发展成为集音乐、舞蹈和体育为一体的传统娱乐活动，具有浓郁的乡土气息，深受各族人民的喜爱，在全国少数民族传统体育运动会上，跳竹竿曾多次作为表演项目，并应邀到中国香港、中国澳门等地区表演，备受欢迎。

跳竹竿活动有着浓郁的乡土气息，以海南盛产的毛竹、金竹做器材。比赛时 8 名击竿者分成 4 人一排，相向蹲在竹竿的外沿，两两相对，每人两手各握一竿。在锣鼓的伴奏下，相对的两人按照节拍、鼓点，不断地将手中的竹竿一分一合、一高一低地击打、滑动、发出“呱嗒、呱嗒”的声响。跳竿者 4～8 人随着竹竿的高低分合，有节奏地跳跃其间，并做出磨刀、筛米、穿门、鹿跳等各种姿势。

跳竹竿活动方式多样，种类繁多，有单人表演、双人表演和集体表演。主要动作有单腿跳、双腿齐跳、分腿跳和翻筋斗等，动作敏捷大方、优美舒展、节奏分明、风格突出，它还要求跳竿者具备一定的舞蹈技巧。经常参加此项活动，有利于锻炼身体、增强体质，并能增强灵巧性、敏捷性、协调性和耐久力等身体素质。此外，这项活动对场地、器械的要求简单，也不受年龄、性别等条件的限制，因此，便于普及和开展。

72．推杆

推杆是西南许多少数民族中流行的传统体育活动。在羌族地区，流传着一个动人的传说：相传很久以前，羌族受到外敌的侵犯，为了抵御外敌，组织了一支手持长矛的军队。这支军队英勇杀敌，终于取得了胜利。在庆功大会上，武士们都不愿表白自己的战功，为了确认谁是英雄，一位德高望重的老人想出了一个好办法，将一根长矛的枪头取下，由两名武士各持一端使劲向前推，轮番比赛，最终把力气最大的武士挑选了出来。人们敬重英雄，纷纷给他敬酒，从此，伴随着动人传说的推杆比赛就这样世世代代流传于羌族山寨。每逢过节及喜庆的日子，都要进行推杆比赛，并以力量大小决胜负。

推杆比赛一小块儿平地上就可进行，器械很简便，用一根长约 3 米、直径约 8 厘米的普通木杆。比赛时一人紧握一端，并将木杆夹骑在两腿之间作为防守，另一人握住另一端用力向前推作为进攻，攻守双方面对面，木杆保持水平，不能高低摇摆或突然猛推。进攻的一方必须将木杆向前推出 50 厘米开外的划定界线处为胜，否则被判失败。裁判员要由村寨的长者担任，以击掌 5 次（约 5 秒）为攻守一回合，因此推杆者需要全力以赴，速战速决。攻守双方轮换位置，5 战 3 胜。

推杆是一种静力性的运动，是双方力量和耐力的对抗，更是智慧和技巧的较量。它要求参赛者不仅力量大，而且还能灵活地运用技巧，使对方失去平衡而失败。经常参加推杆练习或游戏，能增强腰腿、腹肌和手臂的力量以及胯关节的灵活性，同时还能培养人们勇敢顽强、坚韧不拔的意志品质和对不断变化情况的应变能力。此项活动具有强烈的对抗性和娱乐观赏性，深受各族人民的喜爱，而且它对场地、器械的要求比赛简单，也不受时间、季节和地域环境的影响，因此，便于普及和开展。

73．打手毽

打手毽又叫打花毽、打鸡毛球，广西、云南、贵州等地开展得比较普及，发展至今已成为侗族、苗族、水族、基诺族、布依族等少数民族的传统体育项目。相传在远古时代，苗族祖先总要杀鸡宰牛，他们把一些五颜六色的鸡毛捆扎成一束，再用瓜皮剪成酒杯杯口大小的圆片，中间钻圆孔，套在鸡毛束上，制作成拍打起来柔软轻巧的花毽作为娱乐。这种风俗沿袭至今，每逢新年从正月初二到十五，姑娘和小伙子们相聚在毽塘上（男女青年社交的自由场地），规定由本寨姑娘主持，只准许外寨、外地、外姓的后生进塘打毽，严禁本寨或近亲的男性青年进入，这种聚会可算是自然形成的远缘结亲的习俗。他们相对成行，将手毽打出，在对打的过程中，有时相距很近，边打边说话、对歌等，通过这种活动，使青年男女增进了解，增进友谊。打手毽的方法有很多，除了平常成双结队的抛打玩乐以外，还有一种比赛方式，即是将参加的人数分为相等的两队，然后在空地上画一条线，或用绳子在地上拉一条线作为“界河”，先由一队发毽，将毽子抛向对方，对方立即将毽子抛回，彼此往来，生动有趣。飞舞于空中的手毽给古老的苗寨增添了无限的生动，给人们的生活带来了更多的欢乐。打手毽与吹芦笙、跳月并称为苗族的三大文体活动。

由于此项运动所需场地小，器材简单，容易开展，并具有娱乐性、技艺性和健身性，因此开展得比较广泛。经常参加此项运动能够加强力量、速度、协调等身体素质，提高心血管系统、呼吸系统及神经系统的功能，促进身心全面发展。

74．舞龙

舞龙俗称“玩龙灯”，是我国民族传统体育项目，每逢喜庆节日，尤其是在元宵节期间，各地都有舞龙的习俗。

近几年来，通过挖掘整理和试办各种舞龙比赛，使传统的民间舞龙习俗发展成为寓身体锻炼于精彩表演之中的群众性体育活动。1995 年 2 月国家体委将其列为全国正式比赛（四类）项目，批准成立了“中国龙狮运动协会”，制定了《中国舞龙竞赛规则》，创编了两套竞赛规定套路。至今，已成功举办了 4 届全国舞龙比赛、7 届国际龙狮邀请赛，以及第三、第四届农运会舞龙比赛，使舞龙运动得到了迅速发展。中国龙狮会于 2001 年和 2004 年在北京体育大学举办了两届全国舞龙舞狮教练员、裁判员培训班，一些院校将舞龙运动纳入课堂教学，这对舞龙运动的普及与提高，以及舞龙运动朝着规范化、科学化、竞技化的方向发展打下了扎实的基础。

第五部分　硕果累累的民族传统体育

在党和政府的关怀下，贵州省对民族传统体育的经费投入逐年增多，在全省各地建有多个少数民族传统项目培训基地，使民族传统体育项目得到了较大的发展并逐步进入学校。在民族传统体育科研方面也取得了丰硕的成果，在全国少数民族传统体育运动会上取得的奖牌数不断增加。

科学化是民族传统体育进入现代社会的“通行证”，它包括用科学规律指导民族传统体育的普及与提高，用科学原理对民族传统体育项目进行整理和提炼，促使民族传统体育从民风、民俗中逐渐分离出来，走上系统、稳定、规范的发展道路。每隔 4 年举办一届的全国少数民族传统体育运动会，将民族体育按照固定的节奏一浪接一浪地推向高潮，为民族传统体育的推广和交流奠定了良好基础，使得民族体育运动在竞赛上也趋于规范。贵州省在全国各届少数民族传统体育运动会上的成绩也逐年提高，在第八届全国少数民族传统体育运动会上获得的金牌数位居全国第一。

一、党和政府的关怀

改革开放以来，贵州省委省政府对民族传统体育投入大量资金用于挖掘整理、提高各类民族传统项目，特别是西部大开发以来，政府投入的资金逐年增多，参加各届全国少数民族传统体育运动会所取得的成绩也是越来越好。经过贵州省政府批准，贵州省组团参加了 2007 年 11 月在广州市举行的第八届全国少数民族传统体育运动会，贵州省少数民族体育代表团在团长刘鸿庥的率领下，通过全体运动员、教练员、工作人员的团结协作、顽强拼搏，取得了前所未有的好成绩，金牌总数列全国第一。

第八届全国少数民族传统体育运动会于 2007 年 11 月 10 日～18 日在广州市举行。来自全国 31 个省、自治区、直辖市及解放军、新疆生产建设兵团和中国台湾的 34 个代表团参加了此次运动会，总规模 16 000 余人。这次贵州组团参加全国第八届少数民族传统体育运动会，实现了历史性突破，取得我省参加全国少数民族传统体育运动会历史上最好的成绩，创造了金牌总数列全国第一的纪录。

（一）省委、省政府高度重视

贵州省委石宗源书记在 2006 年 5 月 11 日省委常委第 138 次会议上，要求省民委、省体育局要加强对贵州省少数民族传统体育优势项目的调研和挖掘，突出优势项目，认真抓好训练，提高竞技水平，力争在第八届全国少数民族传统体育运动会上取得好的成绩。2006 年 7 月 8 日贵州省长林树森、副省长包克辛在组团方案上对贵州省组团参赛工作也作了重要批示，提出了组织好、训练好、参赛好、成绩好的要求，并协调落实了组团集训参赛经费。林树森还专门给代表团授旗，对全体运动员寄予了厚望。贵州省委王富玉副书记在少数民族传统体育运动会期间对本省各族体育健儿取得的好成绩及时地给予祝贺，并勉励全体运动员继续发扬不怕吃苦、奋力拼搏的精神，努力取得更大成绩。省委常委、省委宣传部部长谌贻琴，省委常委、副省长黄康生在少数民族传统体育运动会期间多次向代表团发贺信，对贵州各族运动员健儿取得的优异成绩给予肯定和祝贺。分管副省长吴嘉甫多次亲自听取组团集训工作的专题工报，主持召开会议，安排布置组团集训参赛工作。副省长刘鸿庥多次对训练和参赛工作进行检查指导，全过程参加了第八届少数民族传统体育运动会，亲自为获奖运动员颁奖。代表团出发前，参赛队当地的党委、政府十分关心组团集训工作，麻江县委、县政府领导多次深入队员的训练场和家庭，看望运动员和家属，帮助解决训练和生活中的困难和问题。

（二）省民委、省体育局抓落实

贵州省民委、省体育局将备战第八届全国少数民族传统体育运动会列入当年工作的重中之重，主要领导亲自抓，分管领导具体抓，有关处室精心策划，科学安排，密切配合，使各项组团集训工作有条不紊地进行。省民委、省体育局抽调精干工作人员，在集训和参赛期间成立了综合组、表演组、竞赛组、技术督导组、专家组等工作机构专门负责组团集训过程中的统筹协调，表演项目和竞赛项目的队员管理、后勤保障、技术督导和项目质量检查等工作。各工作部门团结协作，相互支持，迅速快捷地展开各项工作。综合组加强与组委会和各部门联络，全面做好各项协调工作；表演组为提高项目质量，在创新和提高上下工夫，加强管理，强化训练，组织专家组对10个表演项目进行“会诊”，努力提高项目的体育性、民族性和观赏效果；技术督导组专门负责各个项目技术、技能提高的指导和训练计划的督促检查；竞赛组及时解决集训参赛中的困难和问题，提高竞技水平。为了加强管理、强化训练、筹备领导小组办公室从一开始就明确提出要强化管理、科学训练、工作入心入脑的要求，加强对训练工作的各个环节、细节的督促检查和落实。政治指导员，主抓思想工作，表演项目“土家族茅古斯猎”代表队专门成立临时党支部。

（三）领队、编导、运动员、教练员、工作人员奋力拼搏

在这次组团集训参赛过程中，全体运动员、教练员、工作人员刻苦训练、努力工作，为贵州代表团集训和参赛的顺利进行，为取得较好成绩奠定了基础。从集训到比赛期间全体运动员、教练员、领队、编导、工作人员以求真务实、开拓创新的工作态度，发扬特别能吃苦、特别能忍耐、特别能拼搏的精神，既进行基本素质的训练，又抓技巧、技能的提高和新技术的应用，克服重重困难，终于取得了最后的胜利。

比赛期间，团部领导和工作人员有时开会通宵达旦。全体工作人员为取得辉煌的成绩付出了辛勤的汗水和心血，留下了许多金牌背后感人的故事，他们是金牌背后的金牌。

（四）有关部门、处室的密切配合、大力支持，是组团参赛取得成功的关键环节

对于第八届全国少数民族传统体育运动会，贵州省政府办公厅、省财政厅、省教育厅、省体育局、省委宣传部等部门都给予了积极配合和支持，做了大量卓有成效的工作。省政府办公厅积极协调，保证集训工作紧张有序地进行。省政府副秘书长王文阳、省政府办公厅六处处长吕劲松及有关处室人员多次召开协调会，解决集训的经费、人员等问题；省财政厅及时将经费调拨到位，确保集训工作顺利开展；省委宣传部专门为做好贵州组团参赛的宣传工作发了通知，召开新闻单位负责人协调会，安排布置组团集训的宣传工作；贵州日报社、贵

州电视台等媒体配合集训进程及时对集训工作给予宣传报道；省教育厅领导和体卫艺处、民族教育处、省招办负责人为 11 名队员军训课程请假，5 名队员破格录取到有关院校就读，做了大量艰苦细致的协调工作。

贵州民族报社派出专门的采编人员对整个集训和参赛过程进行全程报道。贵州民族歌舞团在承担民族健身操组队集训任务的同时，派出编导人员协助做开幕式入场式排练工作。贵州省体校不仅为陀螺、押加训练队提供训练场所，安排住宿，还专门成立领导小组，为队员做好各项服务。

二、纵横发展的民族传统体育

（一）贵州省少数民族传统体育运动会

1. 贵州省第一届少数民族传统体育运动会

1982 年 5 月 16～22 日，贵州省民委、省体委联合举办了贵州省第一届少数民族传统体育运动会（以下简称民运会）。来自全省 9 个地、市的苗、布依、侗、彝、水、回、仡佬、壮、瑶 9 个民族的 776 名男女运动员，分别参加了划龙舟、赛马、射弩、摔跤、抢花炮 5 项比赛和跳芦笙、丢花包等 30 多项表演。

贵州省第一届少数民族传统体育运动会组织委员会：主任委员由副省长王振江担任，副主任委员有省体委主任陈均儒，省民委副主任王德安（苗族），贵阳市委副书记单启贤，省体委副主任王家声、王纲正，贵阳市副市长赵西林，委员共 26 人。组委会下设办公室。大会制定了《运动会规程》《宣传提纲》《项目介绍》《秩序册》、各项须知和开幕式场地略图等。大会还成立了赛马、赛龙舟、摔跤、射弩、抢花炮、武术表演和综合表演 7 个组。

1982 年 5 月 16 日下午，大会开幕式在贵阳新体育场举行，参加单位有遵义、黔西南、黔东南、黔南、安顺、毕节、六盘水、铜仁、贵阳 9 个体育代表团，100 多名裁判，115 名省内外新闻记者，2 万多名观众。省委书记池必卿出席大会，云南、广西壮族自治区等省区的 13 名代表参加了大会。大会由组织委员会副主任委员王德安主持。组委会主任委员王振江在大会上致开幕词，运动员代表王敏仙（女，水族）发言。运动员们进行了耍龙灯、舞狮子、跳芦笙、抢花炮等项目的表演（如图 5-1 所示）。

划龙舟比赛于 5 月 17 日下午 2 时在清镇红枫湖举行，赛程为 1800 米。

5 月 18 日，赛马在清镇机场举行，分男子 1000 米、2000 米，女子 1000 米 3 组比赛。参加比赛的有 21 名骑手。黔东南州的潘正美和文正英，都只有 12 岁，骑无鞍无蹬马夺得 1000 米的第 1 和第 2 名。黔东南州 11 岁的苗族少年侯永贵，在比赛开始时不慎从马上摔下后迅即上马，并迅速超过其他的选手，以 3 分 7 秒的成绩夺得 2000 米比赛的第 1 名。

射弩比赛于 5 月 19 日在六广门体育场举行。黔西南、毕节、安顺、六盘水的 17 名运动员进行了立、跪姿射弩赛。毕节地区的张庭文以 50 环的总成绩获第 1 名。

5 月 19 日，黔南州队和黔东南队在贵阳市六广门体育场进行抢花炮的比赛。经过三轮比赛，黔南州队获得第 1 名。

图 5-1　1982 年在贵阳举行的贵州省第一届少数民族传统体育运动会开幕式表演盛况

摔跤比赛在六广门体育馆举行，共 20 人参加，分 58 公斤、62 公斤、68 公斤、74 公斤四个级别进行比赛，另有 6 人进行摔跤表演。

大会表演项目共 30 多项，有黔西南贞丰表演的龙灯起舞、铜仁松桃表演的高空舞狮、贵阳苗族运动员表演的射背牌、毕节苗族彝族运动员表演的芦笙技巧、安顺布依族运动员表演的丢花包、六盘水布依族运动员表演的打猎舞、黔南瑶族运动员表演的爬花竿等。

5 月 22 日下午，在六广门体育馆举行了闭幕式。

2．贵州省第二届少数民族传统体育运动会

贵州省民委、省体委举办的贵州省第二届少数民族传统体育运动会，于 1986 年 5 月 14～19 日在贵阳市和清镇县举行。贵州省人大常委会副主任王秉鋆（布依族）任组委会主任委员，副省长张玉芹、省人大常委会副主任梁旺贵（侗族）、省民委主任熊天贵（苗族）、省体委主任李元栋、贵阳市副市长赵西林任副主任委员。组委会下设办公室、秘书组、竞赛表演组、总编排记录组、宣传组、后勤组、保卫组、开幕式组、接待组。

来自黔东南州、黔西南州、黔南州、毕节地区、铜仁地区、遵义地区、安顺地区、六盘水市、贵阳市、贵州民族学院 10 个代表队的苗、布依、侗、彝、水、回、仡佬、壮、瑶、满、白、土家等 13 个少数民族参加了运动会。按大会规定，总人数不超过 1500 人。运动会设抢花炮、赛龙舟、赛马、射弩、摔跤 5 个竞赛项目，有 15 个传统体育项目参加表演。

1986 年 5 月 16～19 日抢花炮比赛在贵阳市举行。黔东南州、黔南州、黔西南州、毕节地区、安顺地区、六盘水市、遵义地区、铜仁地区、贵阳市、贵州民族学院 10 支代表队参加了比赛。

比赛分两个阶段进行循环赛和交叉赛。贵阳市获第一名，黔西南州获第二名，安顺获第三名。

5 月 17 日，龙舟竞赛在清镇县红枫湖进行。竞赛项目分别为男女 1000 米、2000 米竞速。贵阳、黔南、遵义、贵州民院男女各一队，黔东南、铜仁男女各两队参加。比赛采用 1984 年国家体委审定的《龙舟竞赛规则（试行草案）》。比赛结果：黔东南一队、二队，遵义、铜仁一队分获男子组 1～4 名，黔东南、黔南、铜仁二队分获女子组 1～3 名。

赛马比赛于 5 月 18 日在清镇镇举行。黔东南、黔南、安顺、毕节、铜仁、贵阳等 7 支男女代表队分别参加 1000 米、3000 米比赛。男子 1000 米、3000 米两项第一名由黔南蒙信能获得，女子 1000 米、3000 米两项第一名由黔南邓志群获得。

5 月 14～19 日在贵阳市举行摔跤比赛，9 个地、州、市代表队及贵州民院代表队进行中国式、自由式 52 公斤、62 公斤、68 公斤、74 公斤的两个项目 4 个级别的比赛。中国式摔跤采用分组循环赛制（8 人以下不分组），自由式摔跤采用记分制。中国式摔跤 4 个级别的第一名分别由毕节地区杨家永、黔南州何先龙、安顺地区王均毕、黔南州莫崇江获得；自由式摔跤 4 个级别的第一名分别由黔西南州王锋、王林，六盘水市刘国炬、李文获得。

射弩比赛于 5 月 17～18 日在贵阳市举行，各地、州、市、贵州民院的 10 支代表队参加比赛。本次比赛采用双轮制。黔西南州李建民获全能第一名。

5 月 17～19 日 10 支代表队在贵阳市省体育馆进行了苗族芦笙、舞铃铛、铁链械、上刀梯、打篾鸡蛋、跳海马、高台舞狮等 51 个体育传统项目的表演。贵州省第二届少数民族传统体育运动会期间还评出松桃苗族自治县等 12 个贵州省民族地区体育先进单位。

3．贵州省第三届少数民族传统体育运动会

经贵州省人民政府批准，贵州省第三届少数民族传统体育运动会组织委员会于 1994 年 8 月 25 日成立。组委会名誉主任委员为贵州省人大常委会主任王朝文，主任委员为贵州省委副书记、省长陈士能，常务副主任委员为贵州省委常委、副省长胡贤生；副主任委员由贵州副省长张玉芹、贵州省政府副秘书长高星、贵州省民委副主任潘万洪、贵州省体委副主任朱晓红、贵阳市副市长王选才担任。组委会办公室设秘书、竞赛、表演、大型活动、后勤、宣传、保卫组。

竞赛规程规定竞赛项目共 4 项：抢花炮、射弩、民族式摔跤和龙舟竞赛。贵州省人民政府委托黔东南苗族侗族自治州人民政府承办龙舟竞赛，竞赛地点在麻江县下司镇。

1994 年 10 月 25 日，贵州省第三届少数民族传统体育运动会在贵阳市六广门体育场举行开幕式，贵州省民运会副主任委员、副省长张玉芹主持开幕式，贵州省及贵阳市的党、政、军负责人和国家民委、西藏自治区、宁夏回族自治区的负责人出席大会。全省 9 个地、州、市和贵州民族学院 10 个体育代表团参加开幕式，7000 余名观众观看了大型文艺表演。

9 月 3～4 日，龙舟竞赛在麻江下司举行。经过 2 天 24 场比赛，黔东南州、麻江县、黔南州代表队分获男女 600 米竞速赛的前三名，获得男于 800 米龙舟竞速前三名的是黔东南州、麻江县、铜仁地区代表队，获得女子 800 米前三名的是麻江县、黔东南州、黔南州代表队，铜仁代表队获得体育道德风尚奖。

10 月 25～30 日，抢花炮、射弩、民族式摔跤比赛及 32 项表演项目在贵阳市举行。10 月 26～29 日，10 支代表队经过两个阶段历时 4 天的激烈争夺，贵阳队、贵州民院队、黔东南队分别以 12、10、8 的总积分分别获得抢花炮比赛的前三名。

射弩比赛于 10 月 27 日结束，获男子 20 米立射双轮单项前三名的是：毕节王国昌、张仕华、安顺王杰。获跪射双轮单项前三名的是：毕节王国昌、黔西南李文政、安顺李桂福。女子 15 米立射双轮单项前三名的是：毕节王玉兰、杨仕英、黔西南李纯美。获跪射双轮前三名的是：毕节王玉兰、黔西南李纯美、毕节杨仕英。六盘水队获集体体育道德风尚奖。

10 月 28 日，民族式摔跤比赛在贵阳举行，5 个级别的第一名分别是 52 公斤级黔东南州的卜庆兵，57 公斤级安顺地区的毕锋，62 公斤级贵阳市的陈福勇，74 公斤级六盘水市的陈朝东，90 公斤级安顺地区的普强。贵州民院队获体育道德风尚奖。

32 个表演项目的比赛于 10 月 26～28 日在贵阳市举行。

民运会表演项目比赛设一、二、三等奖和优秀表演奖。同上届民运会相比新增加武术、打陀螺两项表演项目，并挖掘整理了一批新的表演项目，如侗族的抱鸡、抢鱼，土家族的毛古斯舞，仡佬族的打篾鸡蛋等。苗、布依、侗、水、仡佬、土家、彝、回、白、瑶、壮、蒙、羌、满等 15 个民族的代表共 365 人参加了表演。

运动会于 1994 年 10 月 29 日在贵阳市体育馆闭幕。

4．贵州省第四届少数民族传统体育运动会

贵州省民委、省体委联合主办的贵州省第四届少数民族传统体育运动会，在省委、省政府的领导下，在有关方面的大力支持和帮助下，经过短短几个月紧张有序的筹备，于 1998 年 8 月 27 日在贵阳隆重开幕（其中，龙舟赛先期于 7 月 25 日～26 日在黔东南州麻江县下司镇民族体育村举行），通过 5 天激烈、友好、欢快的竞赛和表演，顺利完成了各项赛事和议程，在拼搏、团结、友好的氛围中于 8 月 31 日胜利降下帷幕。

在这届民运会上，有极富民族特色的龙舟、抢花炮、射弩、打陀螺、大象拔河、蹴球 6 个竞赛项目，有反映贵州省各民族历史文化、风俗习惯、生产生活的爬花杆、乌蒙铃、抵杠等 20 多个表演项目。来自 9 个地、州、市和贵州民院的 1800 多名运动员、教练员、工作人员参加了本届民运会。开幕式上 3000 多人举行了规模宏大的大型文体表演。来自北京、云南、湖南、广东、湖北和全国第六届民运会筹备办公室的 200 多名贵宾观摩了本届民运会。百余家新闻单位的 200 多名记者，对民运会进行了多角度全方位的报道，20 余万观众观看了比赛和表演。全国政协副主席杨汝岱同志出席了开幕式。

本届民运会，体现了国家实行各民族平等、团结和共同繁荣的原则，发展了平等、团结、互助的社会主义民族关系，遵循了“积极提倡，加强领导，改革提高，稳步发展”的 16 字方针。本届民运会表现创新，特点突出，内容丰富多彩，形式活泼多样，规模恢宏壮美，开展井然有序，将民族性、体育性、艺术性、观赏性有机结合，融为一体，给观众留下了深刻的印象，赛出了水平、赛出了风格、赛出了团结，展示了贵州少数民族文化的风采，展现了全省各族人民在党的十五大精神指引下，高举邓小平理论伟大旗帜，团结向上，顽强拼搏昂首阔步迈向 21 世纪的精神风貌。本届民运会开得隆重、热烈、精彩、圆满，达到了预期目的。

5．贵州省第五届少数民族传统体育运动会

经贵州省委、省政府批准，由省民宗委、省体育局主办的贵州省第五届少数民族传统体育运动会在各部门的支持配合下，通过大家的共同努力，于 2002 年 10 月 30 日在贵州省六广门体育场隆重开幕。经过 5 天紧张、激烈、友好、欢快的竞赛和表演，顺利完成了各项赛事和议程，在“团结、拼搏、进步、繁荣”的气氛中于 2002 年 11 月 2 日胜利降下帷幕，达到了预期的目的，取得了圆满成功。

本届民运会设置了竞赛项目和表演项目两大类。竞赛项目包括龙舟、花炮、射弩、陀螺、押加、蹴球、高脚竞速7项，表演项目有芦笙技巧、布依竹鼓操、侗族勾林等24项，来自各州、市、地和贵州民族学院的各民族运动员、教练员、裁判员及大会工作人员2000多人参加了本届民动会。开幕式上4000余人举行了规模宏大的大型文体表演《新世纪民族之光》。20多家新闻单位近100名记者对本届民运会进行了多角度、全方位的宣传报道。全国30多个省、市、区的来宾观摩了闭幕式，观看比赛和表演的观众达20余万人。在竞赛项目中10个运动队获集体名次奖，17个运动队、123名运动员、20名裁判员获集体和个人体育道德风尚奖，产生了32枚金牌、30枚银牌、28枚铜牌。在表演项目中，2个项目获特等奖、10个项目获一等奖、8个项目获二等奖、6个项目获三等奖、9个项目和75名运动员获集体和个人体育道德风尚奖。民运会期间还召开了民族体育先进集体和个人表彰会，表彰了20个先进集体和56名先进个人。总之，本届民运会表现创新，特点突出，内容丰富多彩，形式活泼多样，规模恢宏壮美，开展井然有序，将民族性、体育性、艺术性、观赏性有机结合，融为一体，地区风格突出，娱乐情趣浓厚，体育效果良好，充分展示了贵州省各族人民团结奋进、顽强拼搏的精神风貌，给观念留下了深刻印象，赛出了水平、赛出了风格，达到了预期的目的。

本届民运会以邓小平理论和江泽民“三个代表”重要思想为指导，以“弘扬民族体育文化，促进民族团结进步繁荣”为主题，遵循“平等、团结、进步、拼搏、奋进”的宗旨，充分展示了贵州省少数民族传统体育特色的运动水平，锻炼和培养了优秀民族体育人才，进一步推动了贵州省少数民族体育事业的发展。

根据季节和项目特点，贵州省第五届少数民族传统体育运动会龙舟赛先期于2002年8月8～9日在黔东南州镇远县隆重举行，由黔东南州政府承办，镇远县政府协办。17支队伍分A、B组参加了800米、500米和300米直道竞速比赛。

6. 贵州省第六届少数民族传统体育运动会

贵州省民委、省体委联合主办的贵州省第四届少数民族传统体育运动会，在省委、省政府的领导下，在有关方面的大力支持和帮助下，经过短短几个月紧张有序的筹备，于2006年11月8日在贵阳隆重开幕（其中，龙舟赛先期于7月24日～25日在黔东南州麻江县下司镇龙舟训练基地举行），经过4天激烈、友好、欢快的竞赛和表演，顺利完成了各项赛事和议程，在拼搏、团结、友好的氛围中于2006年11月11日胜利降下帷幕。

在这届民运会上，贵州省9个地、州、市及贵州民族学院和贵阳医学院11个代表队参加了极富民族特色的蹴球、陀螺、押加、高脚竞速、珍珠球、射弩、龙舟7个项目的角逐和4类表演项目共25个反映贵州省各民族历史文化、风俗习惯的表演。本届民运会有1253名运动员、教练员、工作人员参加。开幕式上有3000多人举行了规模宏大的大型文体表演。

本届民运会，体现了国家实行各民族平等、团结和共同繁荣的原则，发展了平等、团结、互助的社会主义民族关系，本届民运会表现创新，特点突出，内容丰富多彩，形式活泼多样，规模恢宏壮美，开展井然有序，将民族性、体育性、艺术性、观赏性有机结合，融为一体，给观众留下了深刻的印象，赛出了水平、赛出了风格、赛出了团结，展示了贵州少数民族文化的风采。

（二）全国少数民族传统体育运动会

全国少数民族传统体育运动会由国家民族事务委员会和国家体育运动委员会联合主办，由地方承办，每4年举行一届。从1953～2007年，我国共举行过8届少数民族传统体育运动会。

1．第一届全国少数民族传统体育运动会

新中国刚刚诞生，党和政府就对各民族民间传统体育活动十分重视。1953年11月8日～12日，我国在天津市举行了全国民族形式体育表演及竞赛大会。30年后，即1984年，国家体委、国家民委将这次体育运动会定为第一届全国少数民族传统体育运动会。从此，这项以少数民族传统体育为主的赛事活动便每4年一次地开展起来。

参加全国民族形式体育表演及竞赛大会的，共有满族、蒙古族、回族、藏族、苗族、维吾尔族、哈萨克族、塔塔尔族、傣族、朝鲜族、纳西族、汉族等13个民族的395名运动员。他们分别来自华北区、东北区、西北区、中南区、西南区（包括西藏）和内蒙古自治区、解放军及铁路系统等9个单位。大会在天津民园体育场隆重举行，中央人民政府政务院副总理兼文化教育委员会主任郭沫若、卫生部部长李德全等出席开幕式并讲话。体育项目分竞赛、表演和特邀表演3部分。竞赛项目有：举重、拳击、摔角（跤）、短兵和步射；表演项目有：武术（分棒术和器械等383项）、民间体育（分石担、石锁、弓箭术、弹丸、爬杆、跳板、木杠、皮条、沙袋、地围、跳桌、筋斗、叠罗汉、大武术、五虎棍、打术、跳术、跳绳、飞叉、中幡等22项）、骑术（各种马上技巧表演9项）3大类；特邀表演有：马球、蒙古式摔跤、狮舞、杂技等。其中维吾尔族的踩绳（即达瓦孜）、蒙古族的摔跤、朝鲜族的跳板、回族的武术以及内蒙古骑兵的马术等少数民族项目给人留下深刻印象。竞赛项目中有10名举重运动员创造了国家新记录。来自全国各地及天津市的观众有12万人次。运动会闭幕后，又挑选了90名优秀运动员进京连续表演了31场，受到观众的热烈欢迎。这届运动会是在中国共产党和人民政府的关怀重视下召开的，它不仅是新中国成立以来的第一次民族形式的体育盛会，更是一次体现民族平等团结的盛会。历史上备受压迫和歧视的少数民族，第一次将自己的民间传统体育项目与汉族体育项目一起平等地拿到全国体育运动会上展示，这在中国体育史上具有划时代的意义，对贯彻党的民族政策，推动民族体育事业的发展，增强民族团结产生了重要影响。从此，少数民族传统体育进入了一个繁荣发展的新时期。

2．第二届全国少数民族传统体育运动会

1982年9月2日～8日，由国家体委、国家民委主办，内蒙古自治区人民政府承办，在呼和浩特市举行了第二届全国少数民族传统体育运动会。中共中央政治局委员、全国人大常委会副委员长乌兰夫，中共中央书记处书记、国务院副总理万里，全国人大常委会副委员长阿沛·阿旺晋美等出席了开幕式，并接见了与会的全体运动员、裁判员及工作人员。乌兰夫、万里还分别为运动会题词。

第二届运动会历时7天，来自全国29个省、自治区、直辖市的56个民族的863名运动员和教练员参加了比赛，其中少数民族运动员593人。十几个省、区组织的少数民族参观团，内蒙古自治区各盟、市的参观团，中外记者，以及正在呼和浩特市学习、讲学、旅游的中外朋友和当地群众参加了开幕式并观看了比赛。体育活动分竞赛项目和表演项目两大类。竞赛项目有：射箭邀请赛和中国式摔跤。来自内蒙古、新疆、西藏、青海4省区5个民族的24

名运动员参加了射箭的角逐并取得了优异成绩。15 个省、自治区、直辖市 13 个民族的 56 名业余摔跤运动员参加了 4 个级别的中国式摔跤比赛，涌现出了一批优秀的摔跤人才。表演项目有 68 个，分别由 26 个省、自治区、直辖市的 46 个少数民族的 800 多名运动员进行表演，其中有：傣族的孔雀拳、白族的霸王鞭、纳西族的东巴跳、彝族的阿细跳月、高山族的背篓球、回族的斗牛、藏族的碧秀、土族的轮子秋、朝鲜族的秋千、黎族的跳竹竿、壮族的高空舞狮、维吾尔族的达瓦孜、哈萨克族的马上拾银、塔吉克族的叼羊、蒙古族的赛骆驼和赛马、达斡尔族的波依阔等。这些传统的民族表演项目，是在各民族的生产生活中产生和发展而来的，各具特色，异彩纷呈，吸引了 80 多万观众前来观看。运动会期间，还举办了“全国少数民族传统体育活动图片展览”，举办了有 12 000 人参加的盛大联欢晚会。在联欢晚会上，各民族运动员围着熊熊篝火，载歌载舞，尽情表达了各民族平等团结友爱的深厚情谊。

3．第三届全国少数民族传统体育运动会

1986 年 8 月 10 日～17 日，由国家体委、国家民委主办，新疆维吾尔自治区人民政府承办的第三届全国少数民族传统体育运动会，在乌鲁木齐市隆重举行。中共中央政治局委员、国务院副总理万里，中共中央顾问委员会常务委员刘澜涛、江华，六届全国政协副主席杨静仁、包尔汉等出席了开幕式。国际奥委会执委、国家体委副主任何振梁代表国际奥委会向大会赠送了一尊铜质和平鸽以示祝贺。

本届运动会首次启用了会徽、会旗、会标，这标志着全国少数民族传统体育运动会逐步走向正规化。由全国（除台湾省外）29 个省、自治区、直辖市的 55 个少数民族的运动员和各民族的教练员、工作人员共 1097 人参加了比赛和表演，另外还有 29 个省、自治区、直辖市组成的观摩团，以及特邀代表、中外记者、港澳同胞和外国友人等共 2000 余人，总规模达 3704 人，大大超过了上届。

本届运动会设 7 个竞赛项目和 115 个表演项目。竞赛项目除保留上届摔跤、射箭外，增设了赛马、叼羊、射弩、抢花炮、秋千 5 个项目。表演项目比上届增加了 47 项。由于本届运动会制定了较为科学的比赛规则，使参赛运动员的技术水平得到了较好发挥，各代表团都取得了较好的成绩。运动会期间，国家民委、国家体委联合表彰了一批民族地区体育先进单位和个人。大会期间，万里等党和国家领导人同运动员、教练员、裁判员、工作人员、中外来宾及各民族的代表在天山脚下的南山牧场一起联欢，歌声、笑声汇成一曲民族大团结的赞歌。

4．第四届全国少数民族传统体育运动会

由国家民委、国家体委主办，广西壮族自治区人民政府承办的第四届全国少数民族传统体育运动会，于 1991 年 11 月 10 日～17 日在南宁市隆重举行。其中，赛马项目由内蒙古自治区人民政府承办，于 1991 年 8 月 4 日～7 日在呼和浩特市举行。中共中央政治局委员、全国人大常委会委员长万里，中共中央政治局委员、国务委员李铁映，中共中央顾问委员会常务委员李德生，全国人大常委会副委员长阿沛·阿旺晋美、赛福鼎·艾则孜，国务委员、国家扶贫领导小组组长陈俊生，全国政协副主席杨静仁、程思远出席了开幕式。本届运动会的宗旨是：平等、团结、进步、繁荣。

运动会历时 8 天，有来自全国 30 个省、自治区、直辖市 55 个少数民族的运动员和各民族的教练员、工作人员、观摩人员、少数民族体育先进地区和单位的代表及中外记者共 3000 多人参加。台湾少数民族龙舟队和少数民族传统歌舞艺术团，第一次参加了全国民族运动会的比赛和表演。

本届运动会设竞赛项目和表演项目两大类。竞赛项目共9项：龙舟、抢花炮、秋千、射弩、珍珠球、木球、摔跤、赛马和武术，设金牌34枚；表演项目120项，设奖114个。本届运动会不仅在竞赛项目和表演项目的数量上超过了历届，而且制定了较为科学、系统的总规程、竞赛项目规程和规则、表演项目评判方法，使本届运动会向着规范化的轨道迈进了一大步。大会还增设了“道德风尚奖”。

运动会期间，召开了民族体育表彰会，国家民委、国家体委联合表彰了一批为发展少数民族地区体育事业做出贡献的先进地区、单位和个人。

5．第五届全国少数民族传统体育运动会

由国家民委、国家体委联合主办，云南省人民政府承办的第五届全国少数民族传统体育运动会于1995年11月5日～12日在昆明市举行。

该届运动会历时 8 天，其规模和设项均超过了历届。来自全国各省、自治区、直辖市55 个少数民族的运动员和各民族的教练员、裁判员、工作人员、观摩人员、少数民族体育先进代表及新闻记者共9000人参加。中国人民解放军、新疆生产建设兵团首次组团参赛。台湾省少数民族组团参加了龙舟竞赛。大会还邀请了部分港、澳、台同胞前来观摩。

本届运动会设竞赛项目和表演项目两大类。竞赛项目有抢花炮、珍珠球、木球、毽球、摔跤、秋千、武术、射弩、龙舟、赛马、打陀螺11项，设金牌65枚；表演项目有129项，设一、二、三等奖。另设“体育道德风尚奖”。

运动会期间，国家民委、国家体委联合召开表彰大会，表彰了一批为发展少数民族地区体育事业做出贡献的模范集体和模范工作者。

为配合运动会的举行，还举办了“全国少数民族传统体育摄影艺术展”“民族团结艺术灯展”“焰火晚会”等活动，并在海埂民族村举行了民族大联欢。

6．第六届全国少数民族传统体育运动会

由国家民委、国家体委联合主办，北京市人民政府承办的第六届全国少数民族传统体育运动会于1999年11月5日～12日在北京隆重举行。第六届全国少数民族传统体育运动会是20世纪我国举办的最后一次大型综合体育运动会。该届运动会举办的时间和地点都具有特殊的重要意义：1999年是中华人民共和国建国50周年，是西藏自治区民主改革40周年，又是20世纪最后一年；北京是祖国的首都，是各族人民向往的地方，西藏是“世界屋脊”，是我国典型的边疆民族自治地区，为全世界所关注。党和国家领导人为第六届全国少数民族运动会题了词。

该届运动会遵循“发展民族体育，增强民族体质，加强民族团结，振奋民族精神”的宗旨，本着“平等、团结、繁荣、进步”的原则，充分展示了各族人民在中国共产党的领导下，高举民族团结的旗帜，迈向新世纪的精神风貌。

该届运动会设竞赛项目和表演项目两大类。竞赛项目有：抢花炮、珍珠球、木球、毽球、蹴球、秋千、射弩、龙舟、赛马、打陀螺、押加、民族式摔跤。其中射弩、打陀螺、押加和部分马上项目、部分表演项目在拉萨分赛场进行。

为配合运动会的举行，还举办了“民族文化节”“民族艺术周”“民族大联欢”“民族摄影展”等一系列文化活动。

7. 第七届全国少数民族传统体育运动会

由国家民委、国家体委联合主办，宁夏回族自治区人民政府承办的第七届全国少数民族传统体育运动会于2003年9月6日～13日在银川市、石嘴山市隆重举行。

该届运动会的宗旨是：弘扬民族传统体育文化，促进民族团结进步繁荣。指导思想是：全面贯彻“三个代表”重要思想，举全区之力，凝全区人心，不求最大，但求最好，充分发扬宁夏精神，把第七届全国少数民族传统体育运动会办出特色和水平，办成全国民族大团结的盛会。该届运动会历时8天，来自全国31个省、自治区、直辖市及中国人民解放军、新疆生产建设兵团、中国台湾等34个代表团的55个少数民族的运动员和各民族的教练员、裁判员、工作人员参加了运动会。

本届运动会共设抢花炮、珍珠球、木球、毽球、蹴球、马术、秋千、武术、龙舟、民族式摔跤、射弩、高脚竞速、陀螺、押加14个比赛项目和120多个表演项目。

为配合运动会举行，还举办了“民族传统体育摄影艺术展”“民族书画家书画展”“体育集邮展”“民族体育成就展”“西部民族风采之星展示大赛”等一系列文化活动。

8. 第八届全国少数民族传统体育运动会

由国家民委、国家体育总局联合主办，广东省人民政府协办，广州市人民政府承办的第八届全国少数民族传统体育运动会于2007年11月10日～18日在广州隆重举行。

本届运动会在广州天河体育中心、广州大学城、从化等地的18个竞赛场馆（地）和3个大型活动场馆（地）进行，共设15个比赛项目和150多个表演项目。

本届运动会的竞赛项目在上届的基础上增加了1个大项目：板鞋竞速，增加了31个小项目。表演项目增加了1个大类：民族健身操。

本届运动会的竞赛项目为：花炮、珍珠球、木球、毽球、蹴球、秋千、射弩、龙舟、陀螺、押加、民族式摔跤、高脚竞速、板鞋竞速、武术、马术等项目。表演项目分4大类：综合类、技巧类、竞技类、民族健身操类。

本届民族运动会有31个省、自治区、直辖市和解放军、新疆生产建设兵团共33个代表团近8000名运动员参赛，代表团人数超过历届。

运动会期间国家民委、国家体育总局还联合召开了“全国民族体育先进集体、先进个人表彰大会”和“体育科学论文颁奖大会”。

为配合运动会的举行，本届运动会期间还举办了“民族大联欢”“民族书画展”“民族摄影展”“民族大型文艺演出”等一系列文化活动。

（三）体育产业的发展

国家体委在1981年提出：“要充分利用现有公共体育场馆，实行有偿服务，组织收费以弥补体育经费的不足。”1986年又提出公共体育场馆要从“行政管理型向经营管理型过渡”，实行“以场养场，以馆养馆”的目标。贵州省体委根据国家体委指示和自身条件，体育产业工作开始起步。1984年，贵州省航空运动学校与省军体校合并后，利用有飞机、飞行员、飞机场等条件，开展航空旅游活动：乘客乘飞机绕红枫湖飞行，或在贵阳至花溪上空飞行，观赏风景，每人次收费25元；另又开展航空拍摄活动，为省、市电视台空拍贵阳市、红枫湖、黄果树瀑布、花溪、黔灵湖风光旅游资源片；为水电部门拍摄红枫湖猫跳河水电站空中录像以及乌江水域水电资源、乌江上游沿岸资源片；为林业部门拍摄贵阳市周边林带录像片，为大型厂矿企业空拍厂区分布规划图等，两项活动收入数十万元。1988 年，贵州体育馆建成，省体委系统以体育馆为龙头，利用场地条件，开展体育表演、文艺表演、食宿接待、广告、体育服装器材销售等，同时还开办舞厅、旱冰场，开展有偿教学训练等经营活动。少数条件较好的地（州、市）、县体育部门，开展了台球、旱冰、餐饮业经营。贵州省体育馆从1988～1990 年，创收逐年增加，从 100 万元增至 300 万元。

1991 年，贵州省体委在贵阳召开了全省体育系统经营创收经验交流会，表彰了开展体育产业工作较早的地市体委，都匀市体委交流介绍了他们利用体育设施，开展经营创收的经验。同年，贵州省体育馆承办贵州省“农行杯”美国哈林·华盛顿将军篮球队表演赛取得成功。同年 8 月，贵州省体工大队出租解放路空地给贵阳家具城。1992 年，贵州省体育经贸开发公司成立，该公司是全省规模最大、专业程度较高、唯一的一家经营体育服装、器材的国有企业（事业单位，企业管理）。1993 年，贵州省体育馆成功地承办了“驰牌杯”国际女子篮球挑战赛。1994 年，省体委抓住贵阳市大规模进行城市建设改造的机遇，以土地置换的方式引进资金，将位于繁华地段的体育训练场地开发为健身娱乐场所和商业网点，并开展了师资培训、运动技能培训、体育广告等经营活动。1994 年，省体育馆年创收约 600 万元，直属各单位总创收 90 万元左右，总共约 700 万元。据国家体委 1995 年初统计，贵州省 1991～1994 年体育产业经营状况：有经营实体 10 个，在全国排第 26 位；经营收入 2193 万元，排第 24 位；经营利润 69.8 万元，排第 27 位；上交税金 157.5 万元，排第 14 位。部分地（州、市）、县体育产业也有发展，贵阳市体委充分利用地处市区黄金地段的优势，面向群众，面向市场，开展了体育馆和房屋出租、有偿训练服务、停车服务等经营项目。六盘水市体委开展场地、房屋出租，电子游戏机、录像及游泳等多种经营活动，年收入 20 余万元。遵义县体委开展门面和场地出租、武术培训、汽车维修等，年收入 10 余万元。1994 年，他们还引进资金 50 余万元，解决了职工宿舍和游泳馆建设资金不足的问题。都匀市体委是全省体育创收的先进单位，开展旱冰、舞厅、游泳、门面出租等多种经营，年创收 30 余万元，纯收入 10 余万元。

1995 年，贵州省体委召开全省体工会议提出：体育产业工作要“本体推进，全面发展”。当年，省体委制定了《贵州体育产业发展意见》，提出力争省体委年创收超千万，地（州、市）体委年创收超百万，县体委年创收超一万的奋斗指标。

1995 年、1996 年、1997 年贵州省体委连年创收超过 1000 万元大关。贵阳市体委 1996 年创收达到 176 万元，是全省第一个率先超过 100 万元的地级体委。都匀市、福泉市体委创收超过 10 万元。然而全省体育产业发展还不平衡，由于认识上、工作上和客观条件方面的原因，1996 年底，地、县两级体育产业总收入为 450 万元，不敌上海一个区级体委一年的收入。全省 86 个县（市、市辖区、特区）有 48 个县没有开展体育产业工作，占全部县的 55.8%。

1997 年，贵州省人大常委会通过《贵州省体育条例》，其中规定：“体育事业单位应当充分发挥场馆、项目技术的优势，发展体育产业，开展体育经营活动，拓宽经费来源渠道，增强体育事业的自我发展能力。”这是全国第一个地方综合性的体育条例，也是第一个正式写上“体育产业”一词的法规性文件。这一条例的颁布实施，为贵州省体育产业工作的开展提供了法律保障。贵州省体育产业工作进入新的发展阶段。

体育彩票是体育产业的支柱产业，是体育事业实现由国家办向国家和社会共同办转变的重要经济来源。贵州省 1994 年 11 月 21 日成立体育彩票管理中心，同年 12 月 25 日，在贵阳市举行为云南省代销 1000 万元中国体育彩票的首发式，拉开了在贵州销售体育彩票的序幕。1995 年 5 月，贵州省体委在全省体工会上制定了发行体育彩票，建立和培育体育彩票市场的发展目标以及基本政策措施。同年 11 月 4 日，全省完成为云南销售彩票的任务，获取公益金 268.7 万元。通过一年的操作，在销售工作上积累了经验，锻炼了队伍，培养了市场，取得明显效益。

1996 年，贵州省体育彩票销售约 4000 万元，其中贵阳市销售 1800 万元、安顺地区 507 万元、黔南自治州 200 万元、黔西南自治州 320 万元、六盘水市 500 万元、黔东南自治州 750 万元、铜仁地区 200 万元，共获取公益金 1010 万元。

1997 年春节期间，在清镇和贵阳分别组织了 300 万元和 600 万元体育彩票销售活动，一天多时间即售完。随后，在安顺、开阳、毕节等地区也组织销售活动。全年共销售体育彩票 3861 万元，获公益金 1189.8 万元。

（四）少数民族传统体育基地的建立

2004 年 12 月，贵州省建立了第一批少数民族基地共 16 个：贵州民族学院、黔东南振华民族中学、兴义学院、黔南荔波县瑶山民族中学、铜仁地区实验中学、毕节地区民族中学、道真自治县职业高级中学、安顺市体育学校、六盘水民族职业技术学校、贵阳市民族中学、黔东南镇远县龙舟基地、黔东南施秉县龙舟基地、黔东南麻江县龙舟基地、黔南州平塘县龙舟基地、黔南州三都县赛马基地、遵义市余庆县龙舟基地。2008 年 12 月建立了第二批少数民族基地共 20 个：贵州大学、贵州师范大学、贵州财经学院、贵阳医学院、贵阳中医学院、遵义医学院、黔南民族师范学院、六盘水师范高等专科学校、凯里学院、贵阳学院、安顺学院、毕节学院、贵州省体育运动学校、遵义市体育运动学校、遵义市赤水市体育中心、铜仁地区民族中学、黔西南州贞丰县、黔东南州锦屏县、铜仁学院、铜仁市。

三、走进学校的民族传统体育

近年来民族传统体育在民族运动会、旅游、民族风情表演等领域中崭露头角，取得了可喜的成绩。但是，据有关调查显示，一些传统民族体育资源流失的现象较为严重，特别是一些优秀的传统体育项目。在国家民族事务委员会、国家体育总局与教育部的关心和重视下，国家体育总局、教育部发布了《体育传统项目学校管理办法》（2000 年 7 月 18 日，体群字〔2000〕086 号），在全国高校内部进行了一场轰轰烈烈的、以新课程为主的基础课程改革。此次改革一方面更好地传承、保护、弘扬和开发民族体育资源；另一方面提高了学生的学习兴趣，促使更多的学生加强身体锻炼，提高身体健康水平，将民族传统体育项目纳入了高校体育教育计划。

几年来，高校在民族传统体育项目的教学开展与改革方面取得了很大的进步和可喜的成绩，主要表现在：民族传统体育项目实施与改革引起高校教育部门的重视，在高校体育课堂教学改革取得了一定的成功；与传统的体育教学相比有了很大的变化，在培养学生的体育兴趣，树立正确的健康观和终身体育观念等方面都起到了很好的作用；把传统的体育项目带入课堂教学和业余训练，教学技术和教学手段发生了很大的变化，教师的作用和角色也产生了很大的转变，这种新的教学方法和手段对少数民族地区的政治、经济、文化、教育产生了较大影响，提高了人们体质健康水平，取得了较大的人才培养效益和显著的研究成果。

（一）民族体育进课堂

把民族传统体育引入高校的体育教学中来，开设“民族传统体育”的理论课与实践课，并在教学实践中不断制订教学计划、完善教学手段、改进教学器材设施和拟订教学大纲；同时还要深入到少数民族地区对有关民族体育项目的资源进行挖掘、整理和研究，把一些尚在开发的体育资源以图文资料档案式的管理，对其发展前景作出展望，送交有关行政部门进行论证，以待进一步的开发；探讨我国少数民族地区文化的演变，从而为更好地保护中华民族传统体育文化和保护民族传统体育资源作出贡献；创新性地提出民族传统体育项目进入高校教学计划。贵州民族学院作为贵州省的第一所民族大学，理所当然应在体育课中融入更多的民族元素，要充分利用民族体育文化中的精华，展现民族学院大学生的精神风采，要充分利用民族体育进课堂的形式和内容，传承民族体育文化，弘扬民族精神，让民族体育的灿烂之花盛开在校园的课堂上、操场上、球场上和体育馆中。作为各民族特色文化的重要组成部分，少数民族传统体育在弘扬民族文化，振奋民族精神，促进民族体育文化的发展和加强民族团结等方面发挥了重要的作用。同时，学校作为一个重要的教育场所，在对学生进行民族传统体育文化教育的过程中担负着重要使命。

贵州民族学院就民族传统体育进行了重点学科建设，在体育教学专业开设了民族传统体育项目教学，其他民族院校则通过进行专业课教学、公共体育选修课教学和课外业余训练教学等三种各具特色的教学模式，取得了很好的效果。贵州民族学院多年来十分重视“民族体育进课堂”工作，体育与健康学院民族体育教研室和公体教研室为此作了大胆的尝试和探索。虽然由于受到各种因素的影响，少数民族传统体育项目作为教学内容引入公体教学仅仅停留在较低的层面，然而使民族体育进课堂在贵州省高等院校中却开了一条先河，取到了示范带头作用。因此，如何充分利用少数民族传统体育项目资源，把它更广泛引入校园，丰富学校体育教学内容，是体育教学工作者的一项重要工作。

少数民族传统体育项目包含了民族艺术、道德观念、传统习俗和历史知识等多方面的价值，进行民族传统体育理论课的教学，为学生将来研究和开发民族传统体育资源打好了理论基础。通过学生学习的效果来对教学产生的效果进行分析，一方面强调教师的教，另一方面还得以学生为主体进行。改变以往的教学中无民族传统项目的局面，同时也为其他高校的体育教学提供一个新的教学模式，满足新形势学校体育改革的需求。部分教学条件成熟和完善的西部高校开办了民族体育专业，主要学习武术、传统体育养生、民族民间传统体育的基本理论与知识，接受这些方面的技术、技能与战术的基本训练，达到具有组织教学、训练、科研、竞赛、裁判、管理等方面的基本能力，同时具备民族体育教学、训练、科研基本知识与技能，能从事武术、传统体育养生及民族民间体育工作。

（二）体育系专业课融入民族体育教学内容

民族高等师范院校培养的毕业生出去以后主要是面向西部的中小学生，尤其是体育系的毕业生，将会成为基层的体育骨干。体育系的学生有很好的体育基础，进行民族传统体育项目的教学比较容易，教师还可以根据体育系专业班的学生身体素质好、反应快、接受和适应能力强的特点进行教学，并可及时获得教学效果的反馈信息，像抢花炮、高脚竞速等对身体素质要求高的项目也可以很好地用于教学。在整个过程中，一切围绕着学生来进行教学，以学生能够掌握该项目的基本技术、技能为主要目的，同时，也让学生逐渐掌握教学的手段和方法。

（三）公共体育选修课融入民族传统体育项目

该教学模式是针对那些非体育系的学生开展“少数民族传统体育进课堂”工作。让大学生通过对少数民族传统体育项目的学习，认识并喜欢更多的少数民族传统体育项目。让大学生接受少数民族传统体育项目的陶冶，努力提高学生的综合素质。充分利用少数民族传统体育项目资源，把它引入公体教学，丰富公体教学内容。具体做法是：学生根据自己的水平、兴趣、特长选择不同的项目进行学习，在教师的正确指导下，对某一民族传统体育项目的技术、技能、规划、比赛等进行系统的学习，同时也了解不同民族的文化习俗及他们比较有民族代表性的体育项目，不断提高知识水平和竞技水平。另外，教师可根据不同的学生制订出不同的教学大纲，选择性地与学生形成互动教学。

（四）课外业余训练

对那些经过体育专业教学学习、公共体育选修课学习后，在某一单项的技术、技能上具备了一定的竞技水平的学生，进行业余训练，有针对性地对该项目的技术、战术、心理素质、身体素质进行训练，开展形式多样的比赛活动，不断提高学生的竞技水平，为适应各种比赛打下坚实的基础。这是对高校体育课外活动的补充，也是“体教”结合的一个新亮点，是竞技体育与学校体育的有机结合。目前贵州民族学院已有多个民族体育项目在课余开展活动。

民族传统体育项目进入高校这种新的教学模式是我国市场经济条件下，竞技体育专业化发展的形势下，一种大胆的改革，也是不断推行“体教”结合形势下体育事业发展的又一个起点。民族传统体育项目是一种社会现象，是一种文化的外在形式，同时也是在东西方体育文化激烈碰撞之下的新生事物。作为中华民族的一员，在吸取西方国家先进的信息化教育的同时，应不断发掘我们中华民族灿烂的民族体育文化，让更多的民族传统体育项目进入高校，推动体育文化事业的发展。开发校本课程，充分利用民族体育资源，树立正确的教育理念，重新去发掘民族体育资源的价值与作用，使那些尘封已久、已被人们遗忘的灿烂体育文化重新焕发光彩，促进中华民族灿烂的传统体育文化走向世界，成为文化的主流。

四、逐步规范的民族传统体育

民族传统体育比赛的组织是一项复杂而细致的工作，竞赛组织水平的高低，不仅直接影响到比赛能否顺利进行，能否完成预期任务，而且还会影响到运动员技术水平的发挥。因此，要依据民族传统体育比赛的任务、性质，进行周密计划，以确保比赛有步骤地进行。举办民族传统体育比赛，不论规模大小，都要有赛前准备工作、比赛期间的主要工作和比赛结束的主要工作 3 个阶段，以及裁判队伍的组织等方面的工作。

民族传统体育比赛的准备工作是一个制订计划并准备实施计划的过程。此过程是从成立筹备小组（或筹备委员会）到运动员报到为止。筹备小组，是由比赛主办机构负责组建的，承担赛前至组织委员会建立期间的准备工作。赛前准备阶段的主要工作包括讨论和确定组织方案、制定竞赛规程、成立组织机构、拟订各种计划等。

1．讨论和确定组织方案

要使民族传统体育比赛有计划、有步骤地进行，必须认真讨论和确定竞赛的组织方案，主要包括以下内容：

（1）比赛名称和目的任务

确定比赛名称，应根据本次比赛的性质、时间和规模等因素综合考虑。比赛的目的、任务，要考虑到比赛的性质和运动特点等因素。

（2）比赛规模

一般来说，组织各种比赛要量力而行，宜精不宜大。基层的传统体育比赛规模较小、形式灵活、方法简便。

（3）组织机构

本着精简的原则，拟定组织机构和工作人员的数量。组织机构必须有明确的分工，并在组织委员会的领导下，紧密配合，以利于竞赛组织工作有计划、协调地进行。

（4）经费预算

为了有计划地进行各项活动，本着勤俭节约的原则，必须掌握参加比赛的人数、活动天数、费用范围、开支标准等多项数据，对每一项经费进行认真的预算，并制定经费开支标准和财务管理办法等。

2．制定竞赛规程

竞赛规程是竞赛组织者和参加者的指导性文件，应根据竞赛计划，并结合比赛的规模、目的、任务而制定。如举办个别项目的比赛，就应结合该项目本身的特点，以及竞赛的目的、任务等来制定，并提前发给有关单位，以便各单位做好准备。竞赛规程应包括以下内容：

（1）比赛名称

根据总的任务确定竞赛会的名称。全称在比赛的文件、会标、宣传材料等方面要统一。

（2）目的、任务

根据总的要求而定。简明提出比赛的目的、任务，如学校为检查教学工作或为促进本地区某些传统体育项目发展或为交流经验、增进友谊等举行的各种比赛。

（3）竞赛日期和地点

在决定竞赛日期和地点时，应考虑季节气候、场地设备、举办地居民兴趣和交通食宿等条件，使之尽可能符合本次竞赛的要求。

（4）竞赛项目

根据比赛的性质、规模、运动员的水平和主办单位的实际情况来设置。

（5）参加单位

明确列出各参赛单位的名称和所参加的项目，便于竞赛准备与组织。

（6）参加办法

它是竞赛规程的主要部分，要求具体、准确，包括参赛条件和参赛人数两个方面。

①参赛条件：对参加者的技术水平、运动成绩、健康状况、性别、年龄、学籍和思想作风等方面，都应根据实际情况提出明确要求。

②参赛人数：包括每个单位可报多少队（人），每人限报几项，每项限报几个人，同时还应注明领队、教练员、医生和其他工作人员的名额。

（7）竞赛办法

用何种竞赛方法组织竞赛，必须明确具体地加以规定。主要包括采用何种赛制、何种规则等内容。

（8）录取名次与奖励

详细说明比赛的录取名次、单项和集体项目的录取名次以及团体总分的计算与奖励办法等。成绩相同后的处理办法也都要有具体说明。

（9）报名和报到

规定运动队、裁判员（长）等报名和截止报名日期，运动队书面报名的格式、份数，报名表投寄的地点、单位、日期（要注明以寄出或寄到邮戳日期为准）以及违反报名规定的处理办法。

确定运动队、裁判员队伍等报到的日期、地点、单位。注明报到时应携带的材料或物品等。

（10）裁判员与仲裁委员会

确定裁判长、裁判员的选派（聘请）办法、名额分配等，注明对裁判员的资格或等级要求，以及对裁判员赛前准备工作的要求。确定仲裁委员会的组成和执行的有关条例或规定。

（11）注意事项或未尽事宜

必要时可以注明赛区食宿条件、标准、交通费开支办法等以及有关未尽事宜的补充和通知办法。

（12）本规程解释权的归属单位

通常规程的解释权归主办单位有关部门。

3．成立组织机构

成立比赛组织委员会，承接运动会的组织管理工作。组织委员会（简称组委会）是负责整个竞赛工作的临时领导机构，通常是在竞赛主办单位的领导下，由各方代表组成，决定大会的组织方案，指导大会竞赛工作。组委会的建立，要与竞赛规模相适应，规模小的比赛应以完成各项任务为准，尽量精简组织机构。组委会下设秘书、竞赛、裁判等处（或组）。

（1）秘书处（或办公室）

主要负责竞赛的宣传教育、安排各项活动、经费预算、生活管理、医疗卫生、安全保卫、组织观众、开幕式与闭幕式等工作。秘书处下设宣传组、后勤组、接待组、保卫组、医务组等具体工作室，各有职责，协调配合，为大会服务。

①宣传工作：制定、撰写本届比赛的各种宣传材料，征集或拟定大会宣传口号，确定宣传方式及宣传手段；负责宣传品的设计、制作；制订赛场布置方案；拟定运动员、教练员、裁判员、各参赛单位应注意事项和有关体育道德精神文明方面的要求；撰写并印发宣传材料，通过各种渠道加以宣传；确定思想教育具体实施方案，落实宣传工作；制订新闻报道计划，向有关新闻单位发出邀请，召开新闻发布会。

②后勤保障工作：编制各项经费预算，确定开支标准及管理办法；做好各类物资的管理，对各部门所需的各类办公用具、通信设备、服装、器材、交通工具、奖品、纪念品、生活用品等及时按计划购置和准备，以保证各部门的使用，建立各种物品出入库手续和领取、使用制度；做好交通车辆的管理和调配，制定大会各部门车辆配备原则、标准、管理和使用办法，负责做好车辆的安全检查。

③安全保卫工作：负责建立竞赛期间内部的安全保卫组织网络，加强安全保卫工作的组织领导；制订安全保卫工作计划和有关具体活动的安全警卫方案；负责对有关比赛场地、运动队驻地等活动场所的比赛设施、生活设施、安全设施等进行安全检查，制定和落实安全保卫措施。

④接待工作：做好接站准备工作和生活安排的准备，包括住宿和饮食的安排等；订购合适的礼品、广告宣传品和纪念品送给客人。

⑤医务工作：配备专为大会服务的医务人员和必备的药品，同时联系确定为赛区服务的医院；配备救护车辆，以备急需。

（2）竞赛处（或组）

负责人由主管部门分管竞赛工作的领导担任，会同总裁判长、裁判长具体负责大会的竞赛工作，确保竞赛工作顺利进行。其具体任务是拟定比赛日程、编排竞赛程序、公布比赛成绩、组织裁判人员学习、召集领队与教练员会议、宣布竞赛有关事宜。

（3）裁判组

由总裁判长、裁判长、裁判员若干人组成，负责大会竞赛期间的裁判工作。

建立合理的竞赛组织机构是竞赛组织管理工作的关键环节。合理的竞赛机构及明确划分各机构职能，对圆满完成传统体育比赛任务至关重要。

4．拟订工作计划

组织委员会成立后，应根据组织方案和责任划分，拟订各职能部门的具体工作计划，经组委会讨论批准后执行。

五、民族传统体育竞赛及表演项目规则与裁判法

民族传统体育内容丰富，形式多样，不同的竞赛项目有着不同的竞赛规则、要求和裁判法。各项目的竞赛规则是其比赛的法规，是比赛中裁判员行使权力的依据。随着民族传统体育运动的发展，各项目的竞赛规则也在不断地完善。

民族传统体育的裁判工作是开展民族传统体育活动和竞赛的重要组成部分。裁判员是一场比赛的主持者，比赛中裁判员的宣判是最后的决定。因此，裁判员必须精通竞赛规则与裁判法，准确地掌握裁决尺度，在执裁过程中必须坚持原则、秉公执法，并以“严肃、认真、公正、准确”作为临场裁判的行为准则。

（一）武术

1．武术套路竞赛规则与裁判法

（1）裁判人员的组成

设总裁判长1人、副总裁判长1～2人，裁判组裁判长1人、副裁判长2人，动作质量（A组）评分裁判员2～3人，演练水平（B组）评分裁判员3人，难度（C组）评分裁判员2～3人，编排记录长1人、编排记录员3～5人，检录长1人、检录员3～6人，宣告员1～2人，放音员1人，摄像员2～4人。

（2）比赛顺序的确定

在竞赛监督委员会和总裁判长的监督下，由编排记录组抽签决定比赛顺序。如有预、决

赛的比赛，其决赛的出场顺序，则按预赛成绩的高低，由低到高确定比赛顺序。如预赛排名相同，则由抽签决定。

（3）礼仪、计时、示分

运动员听到上场点名和完成比赛套路后，应向裁判长行抱拳礼。运动员走到起势位置，由静止姿势开始动作，计时开始；运动员结束全套动作后并步站立，计时结束。

运动员的比赛结果，公开示分。

（4）名次评定

①个人单项（含对练）名次：按比赛的成绩高低排列名次，得分最高者为该单项的第一名，次高者为第二名，依此类推。

②个人全能名次：按各单项得分总和的多少进行评定，得分最多者为全能第一名，次多者为第二名，依此类推。

③集体项目名次：得分最多者为该项的第一名，次多者为第二名，依此类推。

④团体名次：根据竞赛规程中有关团体名次的确定办法进行评定。

⑤得分相等的处理：

A．个人项目（含对练）得分相等的处理

a．以难度分高者列前。

b．以完成高等级难度数量多者列前。

c．如仍相等，以演练水平分高者列前。

d．如仍相等，以演练水平分扣分少者列前。

e．如仍相等，以动作质量扣分少者列前。

f．如仍相等，名次并列。

g．如有预赛、决赛成绩相等时，以预赛成绩高者列前，再相等，则以决赛成绩按上述几条区分名次。

B．个人全能得分相等的处理

以比赛中获单项第一名者列前，如仍相等，则以获得第二名多者列前，依此类推，如获得所有名次均相等，则并列。

C．集体项目得分相等的处理

按个人项目第 d、e、f、g 办法确定名次。

D．团体总分相等的处理

依全队获得单项第一名多者列前，如仍相等，则以获得第二名多者列前，依此类推，如获得所有名次均相等，则并列。

（5）评分方法与标准

①自选项目（长拳、太极拳、南拳、刀术、剑术、棍术、枪术）的评分方法与标准

A．评分方法

a．由评判动作质量（A 组）的裁判员 3～4 名（含第一副裁判长）、评判演练水平（B 组）的裁判员 4 名（含裁判长）、评判难度（C 组）的裁判员 3～4 名（含第二副裁判长）组成。

b．各项比赛的满分为 10 分，其中动作质量的分值为 5 分，演练水平的分值为 3 分，难度的分值为 2 分。

c. A 组裁判员根据运动员现场完成动作的质量评分，用动作质量的分值减去各种动作规格错误和其他错误的扣分，即为运动员的动作质量分。

d. B 组中由 2 名裁判员按照套路动作的劲力、节奏及音乐要求整体评判后确定的等级平均分数，减去另外 2 名裁判员对套路编排错误的扣分，即为运动员的演练水平分。

e. C 组裁判员根据运动员现场整套难度完成的情况，按照各项目动作难度和连接难度的加分标准，确定运动员现场完成动作难度、连接难度的累计分，即运动员的难度分。

B. 评分标准

a. 动作质量的评分标准

运动员现场完成套路时，动作规格和要求不符，每出现一次扣 0.1 分，其他错误每出现一次扣 0.1～0.3 分。

b. 演练水平和编排的评分标准

演练水平的评分标准：劲力、节奏、音乐的评分标准分为 3 档 9 个分数段，其中很好为 3.00～2.70 分，一般为 2.60～2.30 分，较差为 2.10～1.80 分。凡劲力充足、用力顺达、力点准确、节奏分明、动作与音乐和谐一致者为“很好”，凡劲力较充足、用力较顺达、力点较准确、节奏较分明、动作与音乐较和谐一致者为“一般”，凡劲力不充足、用力不顺达、力点不准确、节奏不分明、动作与音乐不和谐一致者为“较差”。

编排的评分标准：运动员现场完成套路时，必选的主要动作每缺少一个扣 0.2 分，套路的结构、布局与要求不符者，每出现一次扣 0.1 分。

c. 难度的评分标准

动作难度（1.4 分）：根据各项目《动作难度等级内容及分值确定表》，每完成一个 A 级动作可获得 0.2 的加分，每完成一个 B 级动作可获得 0.3 的加分，每完成一个 C 级动作可获得 0.4 的加分。每种动作难度的加分只计算一次，动作难度加分的累计中，如超过了 1.4 分，则按 1.4 分计算。运动员现场所做的动作难度不符合规定要求，则不计算动作难度加分。

连接难度（0.6 分）：根据各项目《连接难度等级内容及分值确定表》，每完成一个 A 级连接可获得 0.05 的加分，每完成一个 B 级连接可获得 0.1 的加分，每完成一个 C 级连接可获得 0.15 的加分，每完成一个 D 级连接可获得 0.2 的加分。每种连接难度的加分只能计算一次，连接难度加分的累计中，如超过了 0.6 分，则按 0.6 分计算。运动员现场完成的连接难度不符合规定要求，则不计算连接难度加分。

创新难度加分：现场成功完成被确认的创新难度，则由裁判长按加分标准给予加分。其标准为完成一个创新的 B 级动作难度（含连接难度）加 0.2 分，完成一个创新的 C 级动作难度（含连接难度）加 0.3 分，完成一个创新的超 C 级动作难度加 0.4 分。由于失败或与鉴定确认的动作难度不符，不予加分。

②对练、传统拳术、传统器械、集体项目、无动作难度组别要求的竞赛项目评分方法与标准

A. 评分方法

a. 评分裁判员由评判动作质量分的裁判员 3～4 名（A 组）、评判演练水平分的裁判员 3～4 名（B 组）组成。

b. 各项比赛的满分为 10 分，其中动作质量的分值为 5 分，演练水平的分值为 5 分。

c. A 组裁判员根据运动员现场完成动作的质量，按照各项目动作规格及其他错误内容

扣分标准的要求，用动作质量的分值减去各种动作规格错误和其他错误的扣分，即为运动员的动作质量分。

d. B 组裁判员根据运动员整套的现场演练，按照劲力、节奏、编排以及音乐的要求整体评判后确定示出的分数，即为运动员的演练水平分。

B．评分标准

a．动作质量的评分标准：运动员现场完成套路时，动作规格与要求不符，每出现一次扣 0.1 分，其他错误每出现一次扣 0.1～0.3 分。

b. 演练水平的评分标准：分为 3 档 9 个分数段，其中很好为 5.00～4.10 分，一般为 4.00～3.10 分，较差为 3.00～2.10 分。

凡劲力充足、节奏分明、编排合理、风格突出、动作与音乐和谐一致者为“很好”，凡劲力较充足、节奏较分明、编排较合理、风格较突出、动作与音乐较和谐一致者为“一般”，凡劲力不充足、节奏不分明、编排不合理、风格不突出、动作与音乐不和谐一致者为“较差”。

③裁判员示分

自选项目 A 组裁判员所示分数可到小数点后一位数，B 组、C 组裁判员所示分数可到小数点后两位数。

对练、传统拳术、传统器械、集体项目、无动作难度组别要求的竞赛项目 A 组裁判员所示分数可到小数点后一位数，B 组裁判员所示分数可到小数点后两位数，第三位数不作四舍五入。

④应得分的确定

自选项目应得分的确定：动作质量应得分、演练水平应得分和难度应得分之和即为运动员的应得分数。

对练、传统拳术、传统器械、集体项目应得分的确定：动作质量应得分和演练水平应得分之和即为运动员（队）的应得分。

⑤最后得分的确定

裁判长从运动员的应得分中减去“裁判长的扣分”，或加上创新难度动作的加分，即为运动员自选项目的最后得分。裁判长从运动员的应得分中减去“裁判长的扣分”，即为运动员对练、传统拳术、传统器械和集体项目、无动作难度组别要求的竞赛项目的最后得分。

⑥裁判长的加分与扣分

裁判长的加分是指裁判长执行对比赛中被确认完成的创新难度的加分。

裁判长的扣分是指裁判长执行对比赛中重做、套路时间不足或超出规定的扣分。具体标准为：

a．完成集体项目、太极拳、太极剑套路，不足或超出规定时间在 5 秒以内者（含 5 秒），扣 0.1 分，在 5 秒以上至 10 秒以内者（含 10 秒），扣 0.2 分，依此类推。

b．自选长拳、南拳、剑术、刀术、枪术、棍术、南刀、南棍、对练、传统拳术、传统器械套路不足规定时间在 2 秒以内者（含 2 秒），扣 0.1 分，在 2 秒以上至 4 秒以内者（含 4 秒），扣 0.1 分，依此类推。

2．武术散手竞赛规则与裁判法

（1）裁判人员组成

总裁判长 1 人，副总裁判长 1～2 人。裁判长、副裁判长、台上裁判员、记录员、计时员各1人，边裁判员3人或5人。编排记录长1人，编排记录员1～4人。检录长1人，检录员4～6人。医务人员2～3人，宣告人员1～2人。

（2）名次评定

①个人名次

A．淘汰赛时，直接产生名次。

B．循环赛时，积分多者名次列前，若两人或两人以上积分相同时，按下列顺序排列名次：

a．负局数少者列前。

b．受警告少者列前。

c．受劝告少者列前。

d．体重轻者列前（以抽签体重为准）。

上述四种情况仍相同时，名次并列。

②团体名次

A．名次分

a．各级别录取前八名时，分别按9、7、6、5、4、3、2、1的得分计算。

b．各级别录取前六名时，分别按7、5、4、3、2、1的得分计算。

B．积分相等时的处理办法

两个或两个以上的团体分数相等时，按下列顺序排列名次：

a．按个人获第1名多的队名次列前，如再相等时，按个人获第2名多的队名次列前，依此类推。

b．受警告少的队名次列前。

c．受劝告少的队名次列前。

如以上几种情况仍相等时，名次并列。

（3）得分标准与判罚

①得分部位与禁击部位

得分部位有头部、躯干、大腿，禁击部位有后脑、颈部、裆部。

②禁用方法

a．用头、肘、膝和反关节的动作进攻对方。

b．用迫使对方头部先着地的摔法或有意砸压对方。

c．用任何方法攻击主动倒地或被动倒地者的头部。

③得分标准

A．得2分

a．一方下台，另一方得2分。

b．一方倒地，站立者得2分。

c．用腿法击中对方头部、躯干得2分。

d．用主动倒地的动作致使对方倒地，而自己顺势站立者，得2分。

e．被强制读秒一次，对方得2分。

f．受警告一次，对方得2分。

B．得1分

a．用手法击中对方头部、躯干部位得1分。

b．用腿法击中对方大腿得1分。

c．先后倒地，后倒地者得1分。

d．用主动倒地的动作致使对方倒地，而自己不能顺势站立得1分。

e．运动员被指定进攻8秒钟后仍不进攻，对方得1分。

f．主动倒地3秒钟不起立，对方得1分。

g．受劝告一次，对方得1分。

C．不得分

a．方法不清楚，效果不明显，不得分。

b．双方下台或同时倒地，不得分。

c．用方法主动倒地，对方不得分。

d．抱缠时击中对方，不得分。

（4）犯规与罚则

①技术犯规

a．消极搂抱对方。

b．处于不利状况时举手要求暂停。

c．有意拖延比赛时间。

d．比赛中对裁判员有不礼貌的行为或不服从裁判。

e．上场不戴或有意吐落护齿，松脱护具。

f．运动员不遵守规定的比赛礼节。

②侵人犯规

a．在口令“开始”前或喊“停”后进攻对方。

b．击中对方禁击部位。

c．以禁用的方法击中对方。

③罚则

a．每出现一次技术犯规，劝告一次。

b．每出现一次侵人犯规，警告一次。

c．侵人犯规达3次，取消该场比赛资格。

d．运动员故意伤人，取消比赛资格，所有成绩无效。

e．运动员使用违禁药物，或局间休息时输氧，取消比赛资格，所有成绩无效。

④暂停比赛

a．运动员倒地（主动倒地除外）或下台时。

b．运动员犯规受罚时。

c．运动员受伤时。

d．运动员相互抱缠没有进攻动作或无效进攻超过2秒钟时。

e．运动员主动倒地超过3秒钟时。

f．运动员举手要求暂停时。

g．裁判长纠正错判、漏判时。

h．处理场上问题或发现险情时。

i．因灯光、场地等客观原因影响比赛时。

j．被指定进攻超过 8 秒钟仍不进攻时。

（二）毽球

1．裁判人员的组成

设裁判长 1 人，副裁判长 2～3 人，裁判员、计时员、记录检录员若干人。

2．计胜方法

（1）接发球队失误，应判对方得 1 分；发球队失误，则判由对方发球。

（2）某队得 15 分并至少比对方队多得 2 分时，则为胜一局。如比分是 14 比 14，比赛应继续进行，直至某队领先 2 分，方为胜一局。

3．犯规与罚则

（1）发球

发球时 2、3 号队员不得有任何掩护动作，否则，判由对方发球。

（2）发球失误

发生下列情况之一时，即判为发球失误：

①队员发球时，踏及端线或发球区线及其延长线。

②球未过网、触网或触及标志杆。

③球从网下穿过。

④球从标志杆及其延长高度以外过网。

⑤球触及任何障碍物，或在进入对方场区前触及本队队员。

⑥球落在界外。

⑦发球延误时间超过 5 秒钟。

⑧裁判员鸣哨后球坠落在地上。

罚则：当发球队失误时，应判失发球权，由对方发球。

（3）重发球

发生下列情况之一时，须重发球：

①在比赛进行中，球挂在网上（最后一次击球挂网除外）。

②在比赛进行中，毽毛和毽垫在飞行时脱离。

③在裁判员鸣哨之前发球。

④在比赛进行中，其他人或物品进入场区。

（4）发球次序错误

当球发出后，裁判员发现某队发球次序错误，则判该队失发球权，并恢复正确位置。如犯规队已得分，应取消该队因该次发球次序错误所得的分数。

（5）比赛进行中的击球与附加动作

①每队在将球踢入对方场区前，在本方场区最多只能有三人次共击球四次。

②每个队员可以连续击球两次。

③不得用手、臂触球，但防守队员在手臂下垂不离开躯干的前提下，拦网时手球不判违例。

④球不得明显地停留在队员身体的任何部位。

罚则：违反①～④均为违例，判由对方发球或得1分。

（6）网上球

在比赛进行中球触及两标志杆以内的球网为好球，球触及标志杆为失误。

（7）触网

①比赛进行中，队员身体任何部位触及两标志杆以内的球网，均为触网违例。

②队员击球后，触及标志杆或标志杆以外的球网、网柱、网绳或其他物体，不判违例。

（8）进入对方场区和空间

①过网击球为犯规。

②比赛进行中，身体任何部位不得进入对方场区的空间。

③队员若用头攻球时，必须在限制线以外，但落地时两脚可落在限制线以内。防守队员在限制区内，头部无意识触球过网不判违例。

④在比赛进行中，除脚以外，身体任何部位不得触及中线。脚不得完全越过中线。

（9）死球与中断比赛

①球触地及违例为死球。

②中断比赛：其他人或物品进入比赛场区、更换损坏的器材、运动员发生意外事故等情况，裁判员应鸣哨，中断比赛和恢复比赛。

（三）龙舟

1. 裁判人员的组成

正式的龙舟比赛设总裁判长1人，副总裁判长2人，编排记录长1人，编排记录员2人，检录长1人，检录员2人，起点裁判长1人，起点裁判员每航道1人，发令员1人，助理发令员1人，取旗员1人，终点裁判长1人，终点裁判员每航道1人，计时长1人，计时员每航道3人，检查裁判长1人，检查裁判员3人，广播员1人，监察员2人。

2. 比赛通则

（1）起航

①起航的龙舟数应根据水面的宽度来定，通常用6条航道比赛，每条航道的距离不少于10米。

②各航道及起点线、终点线均应有明显的浮标标志。

③航道的编号，以离终点裁判席最近的为第一道，依次向外排列航道的号码次序。

④起航前，比赛的龙舟必须固定在起航线后对齐。

⑤各龙舟都处于稳定的准备状态时，发令员再发出起航信号。

⑥听到起航信号后，划手才可将桨入水，违者则判为抢航犯规。连续两次抢航的龙舟队将被取消该场比赛资格。

⑦发令员发现抢航，立即鸣枪或鸣哨召回龙舟重新组织起航。每组比赛抢航不得超过3次，如果第3次起航时仍有抢航者，不管该龙舟是第几次抢航，均取消其该场比赛的资格。若已经鸣枪才发现抢航，则继续比赛不再召回。

⑧出现抢航后，凡拒绝听从发令员或监察员召回命令的龙舟队，取消其该场比赛资格。

⑨运动员本身起航失误或器材准备不足，不能作为重新起航的理由。

⑩如果气候恶劣，危及参赛者安全时，裁判长有权停止比赛。

（2）途中

①所有龙舟都应自始至终严格按照自己的航道划行，如果某一龙舟穿越其他航道，但并未干扰阻碍其他龙舟比赛而及时划回本航道者，不判犯规；否则判为犯规。

②不能用任何方式干扰、阻碍其他龙舟前进（包括不道德行为），否则判为犯规。

③在比赛时，禁止任何舟艇在航道外伴随或给予任何方式的场外指导。

④在比赛时，由于本身的原因引起翻船，允许运动员在不依靠外力的情况下重新上船继续比赛，但必须在该组比赛时间内到达终点，方视为有效。

⑤在比赛中，如果有龙舟队故意将其他龙舟弄翻或撞坏，除负责打捞修理外，取消其比赛资格，情节严重者罚款处理。

（3）终点

①当龙舟的龙头前沿部位到达终点线时，该龙舟划完全程，裁判员应及时按表计时。

②如果运动员落水而不能及时回到龙舟上，该龙舟到达终点线成绩无效。

③龙舟到达后，应及时到指定地点接受裁判员检查。

（4）编排与名次

①报名参加龙舟比赛的龙舟数超过规定道数时，应进行分组预赛，选出优胜队参加下一轮比赛（即复赛或决赛）。

②预赛编排可采用抽签或根据以往比赛的名次，合理安排组别及航道。复赛、决赛的组别及航道在预赛抽签前编排妥善。

③名次的决定均以时间成绩为依据。每次比赛录取几名由大会规定，并在规程中写明。一般是3队取第一名，4～6队取前两名，7～9队取前三名，10队以上取前五名。

（四）抢花炮

1．裁判人员的组成

比赛设裁判长1人，副裁判长1～3人，裁判员、助理人员若干人。每场比赛设主裁判员1人，副裁判员2人，另设值场裁判员1人，助理人员由记录员、计时员和司炮员等10人组成。

2．赛制和名次排定

（1）赛制

花炮比赛可以采用循环赛或淘汰赛。

（2）名次排定

①循环赛：胜一场得2分，平一场得1分，负一场得0分，弃权一场，取消本阶段全部成绩。以各队积分多少决定名次，积分多者名次列前。

a．如两队积分相等，胜者名次列前。

b．如两队之间为平局，则以同一循环中他们的总得分、失分比率（总得分/总失分）决定，比率大者名次列前。

c．三队（或三队以上）积分相等，则按他们之间的总得失分率（总得分/总失分）决定名次，比率大者名次列前。如仍相等，则按他们在同一循环中的总得失分率（总得分/总失分）决定名次，比率大者名次列前。

②淘汰赛：如两队赛平，则进行决胜期比赛，时间为6分钟，分上下两个半场。在决胜期中，如某队先进炮比赛即结束，进炮队获胜。如两队均未进炮，则以点炮决定胜负。

3．违例、犯规及罚则

（1）违例及罚则

①违例

a．发界外炮及任意炮时，一方或双方队员未退出3米以外；裁判员鸣哨后，发炮队员未在5秒钟内将花炮发出；发炮队员在花炮发出后，未触及其他队员而再次触炮。

b．当2人或2人以上进行争抢时，持花炮队员在倒地前未能将花炮出手（倒地：除手足以外的身体任何部位着地即视为倒地）。

c．倒在地上的队员争抢花炮；持花炮队员故意倒地，将花炮压在身下。

d．当3人或3人以上进行争抢时，持花炮队员在5秒钟内未将花炮传出。

e．罚点炮时，主罚队员的脚踏及罚点炮线；主罚队员在5秒钟内没有将花炮投向花篮；主罚队员罚点炮时，单脚或双脚的脚跟离地。

f．持花炮队员隐藏花炮，将花炮藏在衣、裤内或夹在腋下，双手将花炮捂在胸前。

g．比赛过程中，场上队员未经裁判员允许离开场地。

h．非持花炮队员进入炮台区；持花炮队员进人炮台区后，未在5秒钟内将花炮投入花篮。

i．比赛过程中用脚踢、踩花炮。

j．控制花炮的队未在2分钟内得分。

②罚则

a．罚点炮违例，非持花炮队员进入炮台区，由对方在端线外距炮台区5米处发界外炮。

b．双方同时违例，由裁判员在违例地点抛花炮。

c．发生其他违例行为，由对方在违例地点发任意炮。

（2）犯规及判罚

①犯规

a．搂抱犯规，搂抱肩以上和膝以下的部位、搂抱对方队员的单腿、搂抱未持花炮队员、搂抱腾空接花炮的对方队员，以及抱摔对方持花炮的队员均应判犯规。由被搂抱方在犯规地点发任意炮。

b．故意蹬踏或扑压倒在地上的对方队员的身体。

c．比赛过程中对对方队员采用扭手臂、踢、踩、绊、打、摔、咬和抠等不道德行为。

d．拉拽对方除手臂以外的任何部位。

e．故意推人、鱼跃搂抱和以肘或膝撞击对方。

f．当一方队员拾捡花炮时，另一方队员故意用脚踩、踢花炮。

g．一方队员发炮时，另一方队员屡次进入3米以内距离干扰发炮。

②罚则

a．发生上述犯规行为的队员，均被出示黄牌警告，并受罚离场1分钟。

b．如果队员犯规的情节恶劣，造成严重后果，应被出示红牌，罚令出场，取消该队员该场比赛的资格。

c．一场比赛中受3次黄牌处罚的队员，应取消其该场比赛的资格。被取消比赛资格罚令出场的队员，不能由替补队员替换。

（3）严重犯规及处罚

发生下列情况将被出示红牌，取消该场比赛资格：

①故意打人或辱骂他人。

②有任何违背体育道德、侮辱他人的行为。

③有故意伤害对方的行为并造成严重后果。

（五）珍珠球

1．裁判人员的组成

每场比赛的裁判人员包括主裁判员 1 人，副裁判员 2 人，记录员、助理记录员、计时员、25 秒钟计时员各 1 人。

2．得分相等和决胜期

（1）如果下半时终了得分相等，要延长 3 分钟作为决胜期继续比赛。必要时延长几个同样的 3 分钟，直到分出胜负为止。

（2）决胜期下半时的继续。在所有决胜期中，球队按下半时的进攻方向进攻，全队累计犯规及处罚延续到每一决胜期。

（3）第一个决胜期前，主裁判员要召集双方队长抛币选择发球权，以后每打一个决胜期双方互换一次发球权。

（4）下半时与第一个决胜期之间休息 2 分钟，以后的每个决胜期之间只交换发球权，不休息。由主裁判员主持在中圈发球继续比赛。

3．犯规与判罚

（1）队员不准通过伸展手、臂、肘、肩、髋、腿、膝、脚，或将身体弯曲成“反常”姿势来拉、阻挡、推、撞、绊对方队员以阻碍其进行，也不准用任何粗野或猛烈的动作，否则判为侵人犯规，判给对方一次点球和一次掷球权。

（2）不准用手或臂放置在对方水区队员身上并保持与他的接触，或伸展手臂妨碍和阻挠对方水区队员，否则判为侵人犯规，判给对方一次点球和一次掷球权。

（3）封锁区的持拍队员和得分区的持网队员不得越区与对方发生身体或器械的接触，否则判为侵人犯规，判给对方一次点球和一次掷球权。

（4）对正在投球的水区队员或正在抄球的队员犯规，投中判给得分，只登记犯规，不再处罚，投不中，判给受侵犯队一次点球。

（5）一名队员侵人犯规或技术犯规共达 5 次，在得到通知后必须自动退出比赛。每半时，一个队的队员犯规累计 8 次后，所有以后发生的犯规都要判罚一次点球。

（6）双方罚则相同时，相互抵消，均不处罚，由双方队员在中圈跳球继续比赛。

（六）蹴球

1．裁判人员的组成

比赛设裁判长 1 人，副裁判长 2～3 人，裁判员、助理人员若干人。每场比赛由 1 名裁判员担任裁判工作，另设有记录员、记分员、值场裁判员各 1 人共同完成比赛工作。

2．计胜方法及名次判定

（1）计胜方法

每场比赛分上下两局，两局中间休息3分钟。40分为一局，先达到40分为胜。如出现比分相等，继续比赛，直至赛出胜负。如遇下局比赛结束时，双方上下两局得分相等，则比赛继续进行，以先得分者为胜。胜一场积2分，负一场积1分，弃权为0分。

（2）名次判定

①按全部比赛结束时积分多少排列名次，积分多者名次列前。

②如遇两队或两队以上积分相等，则按相互间净胜分确定名次，净胜分多者名次列前。

③如再相等，按在整个比赛的净胜分确定名次，净胜分多者名次列前。

④如仍相等，以抽签确定名次。

3．得分

在比赛中，本队击中对方一球得1分，本队将对方一球击出界得4分。如遇以上两种情况同时出现，按事实相应累计得分。

4．罚则

（1）1分处罚

下列情况，将由对方得1分，攻方队员不再重蹴：

①发球失误（球已经被触动）。

②死球出停球区时，触及任何一球。

③连蹴时，攻击死球。

④进攻方向或距离不符合规则要求。

⑤蹴击球后又连续以脚触球或球触脚。

⑥蹴击球动作不符合规定，如滑球、拨球、拉球、捅球等。

⑦有意击本方球，无论击中与否。

⑧蹴击球前使球滚动。

⑨比赛中，用身体或其他物体触及场内任何一球。

下列情况，判对方得1分后，允许队员继续比赛：

①未经裁判员允许擅自进入场内，或擅自触击球。

②未按时完成触击球，或发球未触及中心圆。

③用声音或其他方式间接影响对方触击球。

④擅自更换人次，如双蹴时同方队员顺序错误；擅自更换比赛用球，如用错号或用对方球等。

⑤未按规则蹴击球，如处置球的先后顺序错误、放错发球区等。

⑥不满裁判员的判决而影响比赛正常进行。

⑦放定球后又触及球。

⑧放置死球时触及任何一球，若与其他球相连时，应由本人重新放置。

⑨比赛中，非有意触及场内任何一球。

⑩抽签后已确定先后发球权。裁判员发出放球口令，运动员未按时完成放球。

（2）2分处罚

出现下列情况，判对方得2分：

①将本方球蹴出界。

②发球出界。

③发球直接或间接触及任何一球。

④发球直接或间接将本方球蹴出界。

⑤死球出区时，无论在区内或区外将本方球击出界。

（3）4分处罚

下列情况，判对方得4分：

①发球直接或间接将对方球蹴出界。

②死球或半活球出区时，无论在区内或区外直接或间接将对方球击出界。

③直接或间接将死球击出界。

（4）对方得累计分

①发球或蹴击球时出现犯规或违例在先而随之触或击到任何一球，只对犯规或违例进行判罚，给对方加分，其后情况不再累计。

②比赛中若故意用身体或借助外力破坏对方球的正常运行，或故意触及球以减少对方得分而取得利益，按当时可能出现的最高分，给对方加分。

③如遇两种或两种以上受罚情况同时出现，按事实累计给对方加分。

（七）木球

1．裁判人员的组成

每场比赛由主裁判员1人、副裁判员1人担任比赛的裁判工作。另外，助理人员由记录员、计时员、宣告员等若干人组成。

2．名次的判定

按各队积分多少排列名次，胜一场得2分，负一场得1分，弃权为0分。如两队或两队以上积分相等，按以下方法进行排列：

①两队积分相等，以两队之间的比赛成绩排列名次，胜者名次列前。

②两队以上积分相等，则以这几个队之间的比赛成绩排列名次，胜场多者名次列前。如仍相等，则按他们之间比赛的得失分率（总得分/总失分）排列名次，如再相等，则按他们在全部比赛中的得失分率排列名次。得失分率高者名次列前。

③以罚点球决定胜负的进球数，不计入得失分率的计算。

④如遇弃权，胜队以2∶0计算比赛成绩。

3．违例、犯规与罚则

（1）违例及其罚则

①违例

a．中圈开球时，当裁判员鸣哨，发球队员击球前，双方其他队员越过中线、防守方队员进入开球区或进攻方队员两人以上（不含两人）进入开球区。

b．在执行发球时，裁判员鸣哨后5秒钟内未将球击出，或裁判员未鸣哨而击球。

c．在执行发球时，击球板一次击球击空、击球后球移动距离不足10厘米或击出后未经其他队员触及，再次触球。

d．争球时，球未落地前一方或双方争球队员触及球。

e．空中击球（膝关节以上的球只许挡，不许击），以及向上击球或挑球。

f．击球前后，击球板板头超过肩部。

g．一手握板头、一手握板柄击球或用板柄击球。

h．执行中圈开球或发界外球直接得分。

i．比赛中队员在边（端）线外击场内球，或有意用身体任何部位阻挡球。

j．在场上任一区域防守、进攻时，采用单、双手或单、双膝着地，以及卧、跪、坐等不合理动作。

②罚则

a．发界外球的违例，由对方在原地点发界外球。

b．上述条款的违例，发生在罚球区外时，由对方在违例地点发任意球。

c．攻方队员在罚球区内违例，由守方队员在就近的罚球区线上发任意球。守方队员在罚球区内违例，由攻方队员在就近的端线发球点发任意球，除守方队员1人可在罚球区内防守外，双方其他队员均需退出罚球区。

（2）犯规及其罚则

①犯规

a．出现推、拉、绊、撞、踢等不合理的身体接触。

b．带有危险动作冲撞对方队员。

c．用击球板勾、扣、打击对方击球板或身体。

d．扔击球板或手中无击球板干扰对方进攻或防守。

e．举击球板威吓或用击球板阻碍对方队员行动。

f．有意用手抓球，用脚踩球、踢球或用身体压球。

g．在比赛中，队员身体任何部位触及球门区地面或球门（除击球板外）。

h．用击球板砍击球。

i．从两腿间向后击球或将击球板置于对方队员身后两腿间抢、击球。

j．裁判员判定的其他犯规动作。

②罚则

a．队员在罚球区外犯规，由对方队员在犯规地点发任意球。

b．攻方队员在罚球区或球门区内犯规，由守方队员在最近的罚球线上发任意球。

c．守方队员在罚球区或球门区内犯规，则由攻方队员罚点球。

d．一名队员在一场比赛中犯规（含黄牌）累计5次，取消该名队员本场比赛资格，由场下队员替换。

（3）黄、红牌警告

裁判员对球队成员（教练员、运动员等）不道德及违反规则等行为，除按规则判罚外，还可进行劝告及出示黄牌或红牌。

有下列行为时，应被出示黄牌给予警告：

①连续违反规则的行为。

②较为严重的犯规。

③不道德的行为。

有下列行为时，应被出示红牌并罚令出场：

①经裁判员警告仍不改正者。

②一名队员在一场比赛中被出示两张黄牌。

③故意或严重犯规。

④造成恶劣影响或严重后果的行为。上半场因红牌被罚出场的队员，不允许其他队员替补，下半场开始时方可替补；下半场因红牌被罚出场的队员，不允许其他队员替补，加时赛时方可替补。因红牌被罚出场的队员，取消本场比赛资格。

（八）秋千

1．裁判人员的组成

比赛设裁判长 1 人，副裁判长 1～2 人，裁判员、助理裁判员、检录员、计时员、记录员、宣告员等若干人。

2．名次的判定

（1）高度比赛

①单人或双人比赛均以其最好的一次试荡成绩作为最后决定名次的成绩。

②高度高者名次列前。

③出现相同成绩时，在成绩相同的高度上，试荡次数少者名次列前；在成绩相同的高度上，预摆次数少者名次列前；在成绩相同的高度上，试荡失败次数少者名次列前；在成绩相同的高度上，试荡或预摆次数总和少者名次列前。

（2）触铃比赛

①单人或双人在规定时间内，触铃次数多者名次列前。

②出现相等成绩时，以预摆次数少者名次列前，以连续触铃次数多者名次列前，抽签决定名次。

（3）团体名次

①依据各队运动员在各项比赛中最好成绩之和排定。

②各项比赛前 12 名的名次按 13、11、10、9、8、7、6、5、3、2、1 计分，得分多者名次列前。

③如出现得分相等，以获得第一名多者名次列前，如仍相等，则以获得第二名多者名次列前，依此类推。

3．犯规与罚则

（1）抢摆：抢摆是指运动员在裁判员发出哨声前开始试荡。高度比赛中，第一次应给予劝告，并增加 1 次预摆次数，第二次给予警告并再增加 1 次预摆次数，第三次则判定为试荡失败；触铃比赛中，第一次应给予劝告，第二次给予警告，并扣除一次触铃次数，第三次则取消比赛资格。

（2）在试荡过程中，如出现运动员手离开秋千绳或脚离开脚踏板时：高度比赛，判定该次试荡失败；触铃比赛，触铃瞬间发生上述情况，裁判员应鸣锣终止该次试荡，并判此次触铃无效，但终止前的成绩有效。

（3）试荡过程中，运动员借助外力增加或减少摆荡力量：高度比赛，判定该次试荡失败；触铃比赛，裁判员应鸣锣终止该次试荡，终止前的成绩有效。

（4）如运动员准备比赛时间超过 3 分钟：高度比赛，判定该次试荡失败；触铃比赛，超 1～30 秒钟，扣除一次触铃次数，超 31～60 秒钟，再扣除一次触铃次数，超过 60 秒钟以上者，则取消该项目比赛资格。

（5）试荡过程中，如教练员或运动员自行移动系铃架，则判定试荡失败。

（6）对有不正当行为的运动员，第一次给予警告，第二次取消比赛资格。被取消比赛资格前的成绩有效。

（7）在比赛中，如教练员妨碍裁判员工作，第一次警告，第二次罚其离场。

（九）民族式摔跤

民族式摔跤包括搏克（蒙古式摔跤）、且里西（维吾尔族式摔跤）、格（彝族式摔跤）、北嘎（藏族式摔跤）等。

1．裁判人员的组成

比赛设裁判长 1 人，裁判员若干人，记录员、计时员、宣告员和检录员各 1 人。

2．名次的判定

（1）个人赛（循环赛）

①获胜场数多者名次列前。

②积分多者名次列前。

③两人积分相等，则按两人在比赛中的胜负确定名次，胜者名次列前。

④两人积分相等而又循环互胜，则按以下程序确定名次：获 2∶0 多者名次列前，获 2∶1 多者名次列前，受罚次数少者名次列前，比赛中获胜时间短者名次列前，体重轻者名次列前（原始体重），抛币判定胜负。

（2）团体赛

①按各单位运动员在各级别比赛中被录取名次得分总和确定名次，得分多者名次列前。

②如两个或两个以上的团体得分相等，则判第一名多者名次列前，如再相等，则判第二名多者名次列前，依此类推。

③获名次多者名次列前。

④参赛人数少者名次列前。

⑤名次并列。

3．犯规、消极与罚则

（1）犯规

①侵人犯规

a．使用反关节动作有意伤害对方者。

b．用手、肘、膝、头击对方或抓对方生殖器者。

c．踩着对方的脚进攻或用脚踢对方，或用脚蹬踹对方者。

d．用脚踢、弹对方小腿中部以上者。

②技术犯规

a．场上裁判员发出“开始”的口令前或发出“停”的口令后，进攻对方者。

b．比赛进行中，教练员或助手干扰比赛。

c．比赛进行中，自行停止比赛者。

d．比赛进行中，由于处于不利情况而要求暂停者。

e．比赛中双手或单手脱把，或抓握其他部位进攻者，或手、膝着地者。

（2）消极（搏克除外）

①比赛中故意向后退或向前推对方，无进攻意图者。

②比赛中抓握好对方长时间不使用动作，故意拖延时间者。

③仅使用进攻假动作，无真正进攻意图者。

（3）罚则

①凡比赛中构成消极和犯规，根据情节轻重，分别给予劝告、警告、取消该场或全部比赛资格的处罚。

②比赛中一方犯规，如果对犯规运动员有利，应立即停止比赛，酌情处理；如果对犯规运动员不利，则不停止比赛，等该进攻动作结束后再停止比赛，并酌情处理。

③全场比赛中，处罚按累计处理，不分消极、侵人犯规和技术犯规，一方受到 3 次警告时，取消其该场比赛资格。

④运动员不积极进攻，拖延比赛时间持续 30 秒钟即警告一次，在第一次警告后，进行第二、三次警告之前，不再给予劝告，明显逃避者如故意退出场或把对方推出场，可立即给予劝告或警告。

⑤在搏克比赛中，用手使动作于对方髋关节以下部位而摔倒对方者，判对方胜。

⑥在且里西比赛中，凡手脱离腰带或手撑地者，第一次劝告，第二次警告。

（十）马术

马术比赛包括走马、跑马射击、跑马射箭、跑马拾哈达等项目。

1．裁判人员的组成

举办马上项目比赛，可根据规模大小设置下列人员的全部或一部分：裁判长 1 人，副裁判长 1 人，起点裁判员 1 人，终点裁判员 1 人，司闸长（发令长）、计时长、检录长、检查长各 1 人，司闸员（发令员）、终点裁判员、计时员、检录员、检查员、记录员、计圈员、报靶员、联络员若干人。

2．成绩与名次评定

（1）在速度赛马、走马等速度型比赛中，评定个人成绩和名次时，以全程所用时间最少者为第一名，次少者为第二名，依此类推。评定团体成绩时，以各单位运动员在各个单项中所得个人名次分的总和来计算，总分最多的单位为第一名，次多者为第二名，依此类推。如遇两个以上单位总分相等时，以获第一名多者名次列前，第一名相等时，以获第二名多者名次列前，依此类推。

（2）在跑马射箭、跑马射击等技巧型比赛中，按参赛队员两轮比赛得分之和评定团体和个人名次，得分多者名次列前。如有两名以上得分相同，则按时间评定名次，用时少者名次列前。如仍有相等者，则以马匹的负重和马匹的高低来评定名次，负重重者名次列前，马匹低者名次列前。

3．犯规与罚则

（1）对无端鞭打马匹等不道德行为，提出劝告、警告，情节严重者取消其比赛资格。

（2）跑马射箭比赛中，运动员在主跑道外射中目标，应视其犯规，成绩无效。

（3）走马比赛中，运动员在途中如违反下列规定中任何一项，均为犯规，即取消其该场比赛资格：

①运动员超越前面运动员和马匹时，必须在其外侧骑行，超越后必须在超出“前面的马匹”5 米（约两马长度）以后，才能向内侧切进。

②前面运动员在跑道上因离心力作用冲向跑道外侧，而后方的运动员此时在其内侧超越不为犯规，但如对其他运动员造成阻碍时，仍属犯规。

③比赛途中运动员落马后可从落马处继续比赛，不得妨碍其他运动员马匹行进。

④比赛中不得推人、拉人、撞人和阻挡别人，运动员扬鞭打马，不得妨碍或影响其他运动员和其他马匹。鞭打自己的赛马，只能前后扬鞭，不得左右扬鞭。

⑤比赛马匹如从内侧跳出跑道，必须由原处进入跑道，如从外侧跳出跑道时，进入跑道的位置不受限制，但不得妨碍其他选手。

⑥比赛过程中，运动员不得大声呼喊。

⑦比赛进行中不得使马骤停，不得进行曲折骑乘，否则视为犯规。

⑧走马比赛中运动员第一次抢跑，发令员给予警告，第二次犯规即取消比赛资格。

⑨在途中，如鞍具脱落，必须就地备好方可继续比赛，但不得影响其他骑手行进，否则按犯规论处。

⑩走马比赛中，出现马匹步伐混乱的，判以步伐犯规（即指出现跑步的行为），给予加时处罚或取消其比赛资格。运动员第一次步伐犯规，距离在 60 米之内，加罚 5 秒钟，第二次步伐犯规，加罚 10 秒钟，第三次步伐犯规，加罚 20 秒钟，第四次犯规，取消其比赛资格。如果一次步伐犯规距离超过 60 米，则取消其比赛资格。

4．弃权

检录时 3 次点名不到者，该场以弃权论。

（十一）射弩

1．裁判人员的组成

比赛设裁判长 1 人，副裁判长 1～2 人，每 2～3 个靶位设执场裁判员 1 人，每场比赛设记分员 1 人、记录员 2 人、发令员 1～2 人、检录员 1～2 人。

2．成绩及名次评定

（1）成绩

①以现场所确定的成绩为最后成绩。

②凡箭已脱离箭槽的发射，射手在起射线内用手无法捡回的箭均为有效发射。

③箭不中环均为脱靶，箭孔碰环线按高环计（包括斜插箭）。

④箭击中靶后脱落，均以箭孔计算成绩。

⑤重箭均以被击中的箭尾有无痕迹评定，无痕迹只计一箭的环数。

（2）名次评定

①按两轮之和计算，环数高者名次列前。

②如总成绩相同，看 10 环箭数，如仍相同，看 9 环、8 环……依此类推。

③如全能总成绩相同，则看立姿成绩。如立姿成绩仍相同，则名次并列。

3．犯规及罚则

（1）比赛哨声未响发射的箭均以脱靶计算。

（2）超出起射线的发射均以脱靶计。踩线，第一次警告（黄牌），第二次及其以后的踩线均以脱靶计。

（3）试射时错射在他人靶上，从本人记分射中扣除2环（白牌）。

（4）记分射中错射在他人靶上时，判错射者为脱靶，被错射者分不清错射箭时，减去一枝低环箭。

（5）出现多射箭，均从本段中扣除最高环值的箭并警告一次（黄牌），以后每多射一箭，均在本段成绩中扣除最高环值的箭并再追加扣除2环（白牌）。

（6）比赛的运动员在发射区内不得接受任何方式的技术指导，对所有违反者均给予警告（黄牌），以后每重犯一次，从被指导者的总成绩中扣除2环（白牌）。

（7）运动员姿势犯规，第一次给予警告，第二次从本人记分射中扣除2环。如仍不改正错误，则取消比赛资格。

（8）比赛中出现下列情况，取消比赛资格（红牌）：

①姿势犯规经裁判员警告不改者。

②违反安全条例经警告不改者。

③无故迟到或缺席者（以检录员点名完毕时算）。

④不服从裁判员及工作人员职责范围内的指挥经警告不改者。

⑤无论任何情况下，弄虚作假，伪造成绩者。

（十二）打陀螺

1. 裁判人员的组成

比赛设裁判长1人，副裁判长2～3，裁判员若干人。每场比赛设裁判员1人，司线员2人，记录员、检录员、广播员等各1人。

2. 计分、得分及名次评定

（1）计分

比赛只计攻方得分。

（2）得分

打停得4分，旋胜得3分，旋平得2分，旋负得1分。

团体比赛、双打或混合比赛中，得分多者为获胜方。若两队得分相等，休息5分钟，重新抽签决定攻守顺序，加赛一局，若得分再相等，按此方法处理，直到决出胜负。个人比赛，一场比赛后两人得分相等，重新抽签决定攻守顺序，每人再攻守各1次，若得分再相等，按此方法处理，直到决出胜负。

（3）名次评定

①各队（人）胜一场得2分，负一场得1分，弃权得0分。积分多者名次列前。

②若遇两队（人）或两队（人）以上场次积分相等，则根据各场比赛所得4分、3分、2分、1分的累计总次数顺序类推决定名次，大分值多者名次列前。

③若再相等，则从比赛最后一场的最后一陀开始，往前类推对比，分值高者列前，直到推算出最终结果。

3. 犯规与罚则

（1）犯规

①踩线。守方队员旋放陀螺时身体的任何部位触及旋放区线段；在裁判员未做出最后判

定报分前，守方队员身体的任何部位触及比赛场区的各条线段（包括守方预备区与场地共用的线段）。

②越线。守方队员旋放陀螺时身体的任何部位超越旋放区线段而触及旋放区地面；攻方队员在攻击时身体的任何部位或鞭杆超越攻击区各条线段而触及比赛场区地面；攻方队员实施攻击后，可滞留在攻击区内，但在裁判员未做出最后判定和报分前，身体的任何部位超越攻击区线段而触及比赛场区地面（提前进入比赛场区）；在裁判员未做出最后判定和报分前，守方队员身体的任何部位触及比赛场区地面（提前进入比赛场区）。

③无效进攻。未用鞭绳将陀螺缠绕好；未直接将陀螺投入旋放区内或未直接击中对方陀螺（第一落点）；直接将陀螺投入旋放区内后，未间接击中守方陀螺；裁判员发出攻击信号后5秒钟内未完成的进攻；鞭绳触及守方陀螺；裁判员未发出进攻信号且守方陀螺未被判为死陀时即实施的进攻（无论击中与否）。

④顺序错误。比赛中，攻守的一方或双方未按比赛位置表顺序出场参加比赛。

⑤更换器材的时间超过2分钟。

⑥在裁判员未做最后判定前，攻方队员在比赛场区所含攻击区内触及任何一方的比赛陀螺。

（2）罚则

①攻方的犯规，判其失去该次进攻机会；守方的犯规，判对方得4分。

②判罚对象。判罚对象特指实施放陀或攻击的队员。

③对于超越无障碍区踩（越）比赛场区线段的其他队员及当场教练员，应给予警告的处罚，但处罚的时机须在该次攻守结束后。

④如在一轮的比赛结束后发现顺序错误，则不予追究，比分有效。

4．不良行为与罚则

（1）不良行为

①非道德行为。有意干扰对方，争辩，恫吓。

②粗鲁行为。违背道德原则和文明举止，有侮辱性表示。

③冒犯行为。诽谤、侮辱性语言或形态。

④侵犯行为。人身侵犯或企图侵犯。

（2）罚则

①对于不良行为者，首先给予警告，第二次，则取消其比赛资格。

②取消比赛资格。对于犯有不良行为中的冒犯行为和侵犯行为且情节严重者，取消其比赛资格。

（十三）押加

1．裁判人员的组成

比赛设裁判长1人，副裁判长1～2人，裁判员及助理裁判员若干人。每场比赛由1～2名裁判员担任裁判工作，助理裁判员由记录员、宣告员和检录员等组成。

2．比赛中的信号

（1）每场比赛，均由场上裁判员发令开始。

（2）每场比赛结束，均由记录员鸣哨或鸣锣。

（3）在比赛进行中，场上裁判员发出停止口令时，双方运动员应立即停止比赛。

3．名次的评定（循环制）

（1）积分多者名次列前。

（2）获胜场次多者名次列前。

（3）如两人积分相等，则按两人在比赛中的胜负确定，名次胜者名次列前。

（4）如两人以上名次相同而又循环互胜，则按以下程序确定名次：

①获 2∶0 多者名次列前。

②获 2∶1 多者名次列前。

③受罚次数少者名次列前。

④体重轻者名次列前（以称量体重计）。

⑤抛币。

4．犯规与罚则

（1）比赛过程中的犯规行为

①单手或双手离地。

②教练员或助手干扰比赛。

③自行停止比赛。

④在处于不利情况下而要求暂停。

（2）罚则

①凡运动员出现犯规，根据情节轻重分别给予劝告、警告、取消该场或全部比赛资格的处罚。

②比赛进行中，运动员如有不尊重裁判员的行为，视其情节轻重分别给予劝告、警告、取消该场或全部比赛资格的处罚。

③对有意进行非真实性比赛的运动员，视情节轻重取消一方或双方运动员该场或全部比赛资格。

④如运动员在一场比赛中受到 3 次警告，则取消其该场比赛资格，判对方获胜。

⑤教练员如有不尊重裁判员的行为，第一次警告，第二次则罚其退出比赛场地。

（十四）高脚竞速

1．裁判人员的组成

比赛设裁判长 1 人，副裁判长 1～2 人，裁判员若干人。

2．名次排定

高脚竞速的名次排定以比赛中的决赛成绩决定，时间少者名次列前。

3．犯规与罚则

（1）犯规

①抢跑。鸣枪前立于地面的脚离地。

②窜道。运动员在比赛过程中窜离本跑道。

③比赛中运动员脚离地，未在原地上踏板。

④运动员抵达终点线时，身体或高脚杆的一部分仍未过线，脚与踏板即分离。

⑤在接力赛中，运动员在接力区外交接高脚杆；在退出接力区时，阻挡或妨碍其他运动

员跑进。

（2）罚则

①抢跑犯规，第一次给予警告，第二次取消犯规者该项目比赛资格。

②发生犯规②～⑤中之一者，取消犯规者该项目比赛资格。

（十五）舞龙

1．裁判人员的组成

比赛设总裁判长 1 人，副总裁判长 2～3 人；裁判组设裁判长 1 人，评分裁判员 5～9 人，值班裁判员 1 人，套路检查裁判员 1～2 人，记分员 1 人，计时员 1 人；记录长 1 人，记录员 1～2 人；检录长 1 人，检录员 3～5 人；宣告员 1～2 人。

2．计时

（1）第一位运动员踏入赛场，开表计时；如在赛场内静止造型候场，则以第一位运动员开始动作开表计时。

（2）运动员完成套路动作后，最后一位队员离开赛场停表；如在赛场内静止造型结束，则以全体运动员完成静止造型停止动作停表。

（3）计时以临场裁判组计时表为准。用两块表计时，按接近规定时间的表计算时间。

3．名次评定

舞龙比赛分预赛、决赛，按成绩高低排定名次。

（1）比赛名次的确定，根据竞赛规程关于录取名次的规定进行。

（2）规定套路录取名次的办法。

得分高者名次列前。如得分相等，按下列办法确定：

①以所有评分裁判员评定之总得分减去总扣分计算，高者名次列前。

②无效分的平均值接近有效分平均值者名次列前。

③如再相等，则无效分的平均值高者名次列前。

④如再相等，则名次并列。

（3）自选套路录取名次办法。

得分高者名次列前。如得分相等，按下列办法确定：

①以所有评分裁判员评定之总得分减去总扣分计算，高者名次列前。

②如再相等，则以高难度动作数量多者名次列前。

③如再相等，则名次并列。

4．评分标准与方法

（1）舞龙的评分标准

①自选套路的评分标准（满分为 10 分）

a．动作规格，分值为 7 分。姿势正确，方法合理，技术熟练，龙珠与龙配合默契，出色完成全部动作给予满分；出现与规格要求不符，每出现一次轻微错误扣 0.05 分，每出现一次明显错误扣 0.1 分，每出现一次严重错误扣 0.2 分，一个动作出现多种错误，最多扣分不超过 0.3 分。

b．编排，分值为 1 分。凡符合编排要求，布局结构合理，运动员精神面貌好，现场完成效果好，给予满分；与以上规格有差距，视情况扣 0.1～0.5 分。

c．音乐伴奏，分值为 1 分。音乐伴奏与舞龙动作紧密配合，协调一致，风格独特，乐曲完整，很好地烘托舞龙气氛给予满分；与以上规格有差距，视情况扣 0.1～0.5 分。

d．服饰、器材，分值为 0.6 分。运动员的服饰整洁大方，款式色调与器材协调，号码佩戴统一整齐，给予 0.3 分；龙珠与器材制作符合规则要求，龙头扎制要塑造出两眼有神、张口吐舌、额大角长、须发飘扬、神威奋发的艺术形象，造型别致，制作精良给予 0.3 分；与以上规格有差距，扣 0.1～0.2 分。

e．动作创新、动作难度，分值为 0.4 分。

动作创新，分值为 0.1 分。对于技术新、难度大、观察性强的创新难度动作，最多给予 0.1 分。

动作难度，分值为 0.3 分。动作难度分值按 A、B、C 级进行评分，当运动队参赛，完成自选套路动作难度总分达到对应分值时，则按下列标准给分：7.1～8 分，给予 0.05 分；8.1～9 分，给予 0.1 分；9.1～10 分，给予 0.15 分；10.1～11 分，给予 0.2 分；11.1～12 分，给予 0.25 分；12 分以上，给予 0.3 分。

②规定套路的评分标准（满分为 10 分）

a．动作规格，分值为 7 分。姿势正确，方法合理，配合协调，技术熟练，出色完成全部动作给予满分；与动作规格有差距，轻微错误扣 0.05 分，明显错误扣 0.1 分，严重错误扣 0.2 分，一个动作出现多种错误，最多扣 0.3 分。

b 布局、结构、精神面貌，分值为 1.5 分。布局合理、结构严谨，动作顺序、方位、路线正确，有很好的表现力给予满分；改变规定套路动作顺序、运动方向路线，每出现一次扣 0.1 分；完成套路结构松散，运动员精神面貌不佳，缺乏表现力，根据程度扣 0.1～0.5 分。

c 音乐伴奏，分值为 1 分。音乐伴奏的节奏与舞龙动作、构图紧密结合，协调一致，乐曲完整，很好地烘托舞龙气氛给予满分；与以上标准有差距，根据情况扣 0.1～0.5 分。

d 服饰，分值为 0.5 分。运动员的服饰符合规则要求，给予满分；与标准有差距，扣 0.1～0.2 分。

（2）其他错误扣分

①器材落地或损坏，每次扣 0.2 分。

②服饰掉地，每件扣 0.1 分。

③教练员以信号、叫喊等方式提醒本队场上队员，每次扣 0.1 分。

（3）裁判长的扣分

①出界。运动员踩线或出界，每次扣 0.1 分。

②完成套路时间不足或超出。不足或超出规定时间 1～15 秒，扣 0.1 分；不足或超出规定时间 15.1～30 秒，扣 0.2 分，依此类推。

③重做。凡因客观原因造成比赛中断，经裁判长允许可重做一次，不予扣分；凡因运动员失误、受伤、器材损坏等主观原因造成比赛中断者，可申请重做，经裁判长许可，安排在该赛次最后，扣 1 分。

（4）评分方法

①裁判员评分。裁判员根据运动队现场发挥的技术水平，依据舞龙规则中的评分标准，减去由裁判员执行的失误的扣分，即为该队的得分。

②应得分的确定。5 名裁判员评分，取中间 3 个有效分的平均值为运动队的应得分；7

名或9名裁判员评分，取中间5个有效分的平均值为运动队的应得分。应得分只取小数点后两位（小数点后第三位数不作四舍五入）。

③有效分之间的差数规定。当应得分在9.5分和9.5分以上时，差数不得超过0.2分；当应得分在9分以上和9.5分以下时，差数不得超过0.3分；当应得分在9分以下时，差数不得超过0.5分。

④最后得分。裁判长依据规则，从运动队应得分中扣除"裁判长扣分"所规定的应扣分，即为该队最后得分。

（十六）舞狮

1．裁判人员的组成

比赛设总裁判长1人，副总裁判长2～3人；裁判组设裁判长1人，评分裁判员5～9人，值班裁判员1人，套路检查裁判员1～2人，记分员1人，计时员1人；记录长1人，记录员1～2人；检录长1人，检录员3～5人；宣告员1～2人。

2．比赛套路时间

比赛套路的时间为10～15分钟，布置器材时间不超过15分钟。

3．鼓乐与计时

（1）鼓乐

舞狮鼓乐是烘托气氛、转换节奏、鼓舞队员斗志的不可分割的重要组成部分。音乐旋律、节奏等要与狮子动作协调一致，鼓、钹、锣节拍明朗准确，轻、重、快、慢有序，以打击乐演奏为主。

（2）计时

①运动员候场完毕，鼓乐起开表。

②运动员摘狮头、狮被并步行礼停表。

③计时以临场裁判组计时表为准。用两块表计时，按接近规定时间的表计算时间。

4．名次评定

舞狮比赛分预赛、决赛，按成绩高低排定名次。

（1）比赛名次的确定，根据竞赛规程关于录取名次的规定进行。

（2）得分高者名次列前。

（3）决赛阶段得分相等的确定：

①预赛中名次前者列前。

②如相等，以自选套路中C级难度动作的数量计算，多者名次列前。

③如再相等，无效分的平均值接近有效分平均值者名次列前。

④如再相等，无效分的平均值高者名次列前。

⑤如再相等，名次并列。

5．评分标准与方法

（1）舞狮的评分标准（满分为10分）

①形神表现的分值为3分。形态动作要完美无缺，丰富、逼真，不少于10种表现，如喜、怒、醉、醒、惊、疑、寻、盼等，每少一种扣0.3分。

②动作难度的分值为3分。C级动作不少于10个（含创新动作），每少1个C级动作扣

0.3分。

③狮乐配合的分值为2分。舞狮动作、音乐伴奏紧密配合，自然合拍，声调突出轻、重、缓、急，和谐一致，风格独特，较好地烘托舞狮气氛者，给予满分。与以上标准有差距者，根据情节扣0.05～0.5分。

④步型、步法的分值为1分。不少于10种步型、步法，如马步、弓步、虚步、麒麟步、跪步、独立步、跳步、大小两移步、抢步、碎步、蟠龙步等。每少一种扣0.1分。

⑤套路编排、器材设计、狮型、服饰、礼仪的分值为1分。凡符合编排要求，结构合理，主题情节突出，狮饰、服饰得体，临场精神饱满、礼貌大方，能充分利用器材表现狮的各种动作，并具有独创性，现场表现好者给予满分。凡与以上标准有差距者，根据情节扣0.05～0.8分。

（2）裁判长扣分

①出界。运动员踩线或出界，每出现一次扣0.1分。

②完成套路时间不足或超出。不足或超出规定时间1～15秒钟，扣0.1分；不足或超出规定时间15.1～30秒钟，扣0.2分，依此类推。

③重做。凡因客观原因造成比赛中断，经裁判长允许可重做一次，不予扣分；凡因运动员失误、受伤、器材损坏等主观原因造成比赛中断者，可申请重做，扣1分。

（3）评分方法

①裁判员评分：裁判员评分有5人评分制、7人评分制、9人评分制三种方法（均设一名值班裁判员）。评分裁判员根据运动队现场发挥的技术水平，依据舞狮规则评分标准，减去由裁判员执行的失误的扣分，即为该队的得分。

②应得分的确定：5名裁判员评分，取中间3个有效分值的平均值为运动队的应得分；7名或9名裁判员评分，取中间5个有效分值的平均值为运动队的应得分。应得分只取小数点后两位（小数点后第三位数不作四舍五入）。

③有效分之间的差数规定：当应得分在9.5分和9.5分以上时，差数不得超过0.2分；当应得分在9分以上和9.5分以下时，差数不得超过0.3分；当应得分在9分以下时，差数不得超过0.5分。

④最后得分：裁判长根据规则，在该运动队应得分中减去套路完成时间、套路难度不足、重做、踩线、出界等失误所致的扣分分值后，所剩分值即为该队最后得分。

参 考 文 献

1．胡英清．民族传统体育概论．桂林：广西师范大学出版社，2003

2．张选惠．民族传统体育概论．北京：人民体育出版社，2005

3．姚重军．少数民族传统体育文化研究．北京：民族出版社，2004

4．国家体育群众体育司，国家民族事务委员会文化宣传司．少数民族传统体育项目竞赛表演规则及裁判法．广州：广东人民出版社，2007

5. 国家民委文化宣传司，国家体育总局群众体育司．民族体育论集．北京：民族出版社，2003

6．卢兵．中华民族体育文化导论．北京：民族出版社，2005

7．赵昌毅．民族传统体育教学与训练．上海：华文出版社，2002

8．贵州省民族事务委员会编．贵州少数民族体育研究．贵阳：贵州民族出版社，2007

9.《民族体育集锦》编写组．民族体育集锦．北京：人民体育出版社出版，1985

10.《贵州省地方志编纂委员会》编．贵州省志（体育专）．贵阳：贵州人民出版社，2000

11．白晋湘．民族体育体育保健学．北京：民族出版社，2002

12．丁苏东．民族体育教程．南京：南京师范大学出版社，2005

13．谭华．体育史．北京：高等教育出版社，2005（2006 重印）

14．芦平生．民族传统体育研究．兰州：甘肃教育出版社，2002

15．刘德琼．中国民族体育发展研究．桂林：广西师范大学出版社，2004

16．宋琨度．素质教育探析．高等教育研究，1992（1）：76

17．王则珊．终身体育．北京：北京体育学院出版社，1994

18．胡小明．民族体育．桂林：广西师大出版社，2000

19．刘德琼．少数民族传统体育．桂林：广西师大出版社，2000

20．徐金晓．少数民族传统体育学．北京：人民体育出版社，2000

21．徐玉良．全国民族院校体育理论教程．北京：中央民族大学出版社，1997

22．伍绍祖．中华人民共和国体育史．北京：中国书籍出版社，1999

23．霍丽明．初探龙舟竞渡的文化内涵与时代价值．广州体院学报，1992

24．白晋湘．民族传统体育教程．长沙：中南工业大学出版社，2000

25．刘飞舟．中华民族传统体育与西方体育的比较研究．中国体育科学学报，2001（5）

26．付小莉．我国民族传统的发展特点与现代体育．中国体育科学学报，2001（5）

27．曹帝．体育产业经营管理．武汉：湖北科学技术出版社，1999

28．李鸿江．中国民族体育导论．北京：中国书籍出版社，2000

29．陈青，孟峰年，曲宗湖．学校民族传统体育．北京：人民体育出版社，2002

30．刘德琼，胡英清，刘靖等．少数民族传统体育．桂林：广西师范大学出版社，2003

31．庞锦荣．略论我国少数民族传统体育的特色及其成因，成都体育学院学报，1987（3）

32．陈修颖. 中国传统体育运动起源与发展的地理诠释，人文地理，2000（1）
33．文格西. 深化教学改革发展民族体育. 西南民族学院学报，1998（12）
34．赵静冬. 少数民族传统体育运动教学与训练. 昆明：云南民族出版社，1999
35．谷丙夫. 中华民族传统体育志. 桂林：广西民族出版社，1990
36．易剑东. 体育文化学. 北京：北京体育大学内部资料，1999
37．卢元镇. 体育的社会文化审视. 北京：北京体育大学出版社，1998
38．鲍明晓. 体育产业. 北京：人民体育出版社，2000
39．田晓岫. 中华民族. 北京：华夏出版社，1998
40．陈国瑞，黄力生. 中华民族传统体育现状及走向世界的对策. 武汉体育学院学报，2000
41．闭锦源. 我国少数民族传统体育的特点及美的特征. 武汉体育学院学报，1991